KB233964

새무엘 스마일즈의

자조론
-自助論-

Self Help

옮긴이 **이화승**

1965년생. 서울 출신. 일문학 전공으로 일본에 관한 풍부한 지식과
교양을 갖춘 번역가로서 1990년대 중반 토쿄에 거주하기도 함. 지금
까지 30종 이상의 일본서적을 번역함. 영어와 일본어에 특별한 애정
을 가지고 다양한 월간지와 단행본 편집을 거친 바 있다. 최근엔 중
국어에 도전하여 나름대로 성과를 올리고 있다.

저서에 '해외펜팔 길라잡이' '즉석여행 일본어' '즉석일상 일본어'
번역서로 '데니스 로드맨 자서전' '빗자루를 든 사장님' '영어 발음
사전' '중국어 발음사전' '위대한 개츠비' 등이 있다.

새무엘 스마일즈의
자조론

1판 1쇄 인쇄 2006년 1월 24일
1판 1쇄 발행 2006년 1월 31일

지은이 · 새무엘 스마일즈
옮긴이 · 이화승
펴낸곳 · Vitamin Book
발행인 · 박영진
디자인 · 공 존

등록 · 제318-2004-00072호
주소 · 150-800 서울시 영등포구 당산1가 191-10
전화 · 02-2677-1064
팩스 · 02-2677-1026
이메일 · yega2000@hanmail.net

ISBN-89-956025-3-8 13320

인생을 가장 당당하고 멋지게 사는 지혜

Samuel Smiles

이화승 옮김

새무엘 스마일즈의

자조론

· 自助論 ·

Self Help

Vitamin Book

차 례

제8장 | 자신을 지배하는 사람이 세상을 지배한다

제1장

하늘은 스스로 돕는 자를 돕는다

▶ 정부가 우리를 잘살게 해 주지는 않는다

"하늘은 스스로 돕는 자를 돕는다."라는 말이 있다. 이 말은 인간이 어떻게 살아야 하는가를 한 마디로 함축하고 있다. 스스로 돕는 자조自助 정신은 개인이 성장하는 근원이며, 국민 모두가 이 자조 정신을 실천하면 그것이 곧 국가의 힘이 되는 것이다.

다른 사람의 도움을 받기만 한다면 사람은 결국 약해지고 만다. 그러나 스스로 돕는 사람은 한결같이 강한 사람이 된다. 무엇이든 남의 힘을 빌려서 하면 그 때문에 스스로 일하려는 자극과 필요가 사라지게 된다. 그리고 지나치게 남에게 의지하면 무능한 사람이 되고 만다.

법이 아무리 훌륭하다 해도 인간을 실제로 도와줄 수는 없다. 사회 제도가 인간에게 해 줄 수 있는 최상의 일은, 인간을 속박하지 않고 인간이 자유롭게 자신을 발전시켜 나갈 수 있게 해 주는 것뿐이다.

그러나 예나 지금이나 사람들은 스스로의 행동보다 국가나 사회의 힘으로 행복과 안녕을 얻을 수 있는 것이라고 믿고 있다. 몇 년에 한 번, 한두 사람을 뽑는 투표의 의무를 아무리 충실히 이행한다 해도 각자의 일생과 인격에 그리 큰 영향을 주지는 못한다.

정부가 우리에게 해 줄 수 있는 부분은 매우 적은 부분이다. 그리고 근래에 와서 정부가 우리에게 해 주는 역할이 매우 한정되어 있다는 것은 점점 더 명확해지고 있다.

물론 법이 잘 운용되면 사람들은 정신적으로나 육체적으로나 비교적 적은 희생으로 노력의 보답을 받을 수 있다. 그러나 법이 아무리 잘 운용된다 하더라도 게으른 사람을 부지런한 사람으로, 낭비하는 사람을 절약하는 사람으로 만들어 주지는 못한다. 사람이 보다 바람직하게 변하는 것은 권력이나 법으로 가능한 것이 아니다. 그것은 오로지 각 개인의 행동과 습관으로 성취되는 것이다.

▶ 최고의 교육은 일상생활과 일 속에 있다

인간에게 가장 강한 큰 영향을 주는 최선의 교육은 일상생활을 통해 얻을 수 있다. 이에 비하면 초등학교나 중고등학교, 대학에서 받는 교육은 인생 수양에 있어서는 겨우 시작일 뿐이다.

인생 교육은 학교에서 얻을 수 있는 것보다 훨씬 더 영향이 큰 것이다. 인생 교육은 가정에서도, 거리에서도, 사무실이나 제조 공장, 그 밖에 사람들이 많이 모이는 곳 어디서나 얻을 수 있다. 이것이 바로 실러가 말하는 '인류의 교육'이라는 것이다. 이러한 인생 교육은 바람직한 행실, 교양, 참을성을 가르치는 것이 목표이다. 말하자면 '사람을 사람답게 만들어서 인생을 제대로 살아가게 하는 것'이 목적인 것이다. 그러나 이것은 책을 읽거나 어려운 학문을 연구한다고 얻어지는 것이 아니다.

늘 무게 있는 말을 하는 베이컨은 이런 말을 했다. "책에서 배우는 학문은 실제로 어떻게 적용되는가는 가르쳐 주지 않는다. 정말로 유용한 지식은 실제로 관찰하며 얻어야 한다. 이렇게 얻은 지식이야말로 책에서 얻는 것보다 더 큰 지혜이다."

이것은 학문에서뿐 아니라 실제 생활에도 적용되는 말이다. 인간은 책을 읽는 것보다 일을 함으로써 자기를 완성할 수 있다.

즉, 인격을 개선해 주는 것은 학문보다 생활이고, 공부보다 행동이라는 말이다.

▶ 장애를 기회로 삼으라

그러나 위인의 전기, 특히 선량한 사람들의 전기는 역시 사람들에게 도움이 되고 참고가 되며, 또한 자극제로서도 유용하다. 그중에서도 특히 훌륭한 전기는 복음에 비할 만하다. 위인들의 고매한 사상과 치열한 실천 정신을 통해 어떻게 이 세상을 살아가야 하는지를 배울 수 있다.

이러한 전기는 또한 자조와 인내, 결단력과 성실이 위대한 인격을 만들어 준다는 점을 가르쳐 주며, 이에 관한 확실한 증거가 되어 준다.

그리고 우리는 이를 통해 자기를 완성하는 길은 결국 각 개인의 힘이라는 것을 다시 한 번 확인할 수 있다. 자기 존중과 자기 신뢰는 극히 미천한 사람이라도 고귀한 능력과 영광스러운 명성을 얻게 하는 효력이 있다는 점을 증명해 주고 있다.

과학, 문학, 예술의 대가들, 위대한 사상가들이 반드시 특정한 가문이나 계층에서 나온 것은 아니다. 그들 중엔 공장, 농가 출신도 있고, 가난한 집안 출신이 있는가 하면, 부유한 집안 출신도 있는 것이다. 하느님의 몇몇 위대한 사도 중에는 병졸 출신도 있었다. 극빈자들 중에서 최고 지위에 오른 이도 있다.

그러나 아주 견디기 어려운 고난도 그들에게는 장애가 되지 않았다. 대부분 이런 고난이 오히려 그들에게 도움이 되었다. 그들은 고난이 없었으면 그대로 위축되어 버렸을 재능을 자극하고 성장하였던 것이다.

이처럼 장애를 극복하여 마침내 승리의 문에 이른 예는 수도 없이 많다. 이것을 보면 "의지만 있으면 무슨 일이든 할 수 있다."라는 격언이 새삼 지당하게 생각된다.

⫶ 고난을 이겨낸 위인들에게 배우라

셰익스피어의 출신이 어떠했는지 확실히 아는 사람은 없다. 그러나 그가 미천한 집 출신이라는 데엔 의문의 여지가 없다. 그의 부친은 백정이요 목축업자였다. 따라서 셰익스피어는 어린 시절에 양털을 빗겨 주는 일을 했을 것이다. 그가 학교에서 급사 노릇을 하다가 나중에 대금업자의 서기가 되었다고 주장하는 사람들도 있다.

그는 진실로 '한 사람이 아닌 만인의 초록抄錄' 같은 사람이었다. 바다에 관해 정확히 묘사한 것을 본 항해사는 그가 뱃사람이었다고 주장하고, 성경에 정통한 그의 글을 본 성직자는 그가 어느 목사의 서기였을 거라고 추측하며, 마필馬匹 감정가는 말고기를 자세히 구분한 그의 묘사를 보고 그가 말 상인이었을 것이라고 단정하기 때문이다.

셰익스피어는 확실히 배우였다. 그리하여 인생 행로에서 '여러 가지 역'을 맡아 하던 중 넓은 경험과 관찰에서 얻은 지식으로 훌륭한 희곡을 써서 발표한 것이다. 그는 세밀한 연구자인 동시에 열심히 노력한 작가였음에 틀림없고, 오늘날까지도 그의 작품은 계속 영국인의 인격 형성에 강력한 영향력을 주고 있다.

천문학에 큰 공헌을 한 코페르니쿠스는 폴란드 빵 장수의 아들이었다. 케플러는 독일 술집 주인의 아들로 태어나 술집에서 일했다. 달랑베르는 겨울 밤 파리의 어느 교회 계단에 버려진 아이였으나, 어떤 유리 장수의 아내가 데려다 기른 사람이었다. 뉴턴은 소자작농의 아들이었으며, 라플라스도 작은 마을의 빈농의 아들이었다.

어린 시절의 이러한 역경에도 불구하고 이들은 끊임없이 노력하여 세상의 온 부귀로도 살 수 없는 불후의 명성을 얻은 것이다. 만일 그들이 부잣집에 태어났더라면, 오히려 가난하게 태어났을 때보다 더 큰 장애를 겪었을 것이다.

천문학자이자 수학자인 라그랑주의 부친은 군 경리과장으로 있었는데, 투기를 하다가 그만 패가망신을 하고 말았다. 라그랑주는 자기가 후일 명성과 행복을 얻은 것은 이 때문이기도 하다고 자주 말하곤 했다.

"만일 내게 돈이 많았더라면 아마 수학자가 되지는 않았을 것이다."

▸ 모든 것은 운명이 아니라 노력으로 결정된다

이 모든 예를 보건대, 사람이 뛰어난 업적을 세우려면 정열과 노력이 있어야 하는 것이다. 게을러선 결코 뛰어난 사람이 될 수 없다. 몸과 마음이 모두 부지런한 사람만이 학문에서든 사업에서든 발전할 수 있다.

아무리 돈 많고 지체 높은 집에서 태어난 사람이라도 명성은 쉽게 얻을 수 없다. 명성은 오로지 정열과 노력으로만 얻어지는 것이다. 토지와 재산은 자손에게 물려줄 수 있으나, 지식과 지혜는 그렇게 안 되는 것이기 때문이다.

돈 많은 사람이 돈을 주어서 자기 일을 남에게 시킬 수는 있지만, 생각은 남에게 시킬 수 없는 것이며, 금전으로 남의 교양을 살 수도 없는 것이다.

"어떤 일에서 탁월한 사람이 되려면 그 길은 오직 하나, 즉 수고하고 노력하는 길뿐이다."라는 격언은 가난한 사람에게나 부자에게나 다 같이 통하는 이야기이다.

부귀와 안일이 훌륭한 사람을 키워내는 데 필요한 조건이 아니라는 것은 극히 명백한 일이다. 아니면 우리 사회가 미천하고 가난한 집안에서 태어나 성공한 사람들에게 그와 같이 큰 신세를 지지는 않았을 것이다. 안일하고 사치스러운 생활을 하면, 곤란에 직면할 힘이 생기지 않는 것이며, 더 나은 미래를 위해 노력할 의지도 생기지 않는다.

사실 빈곤은 불행이기는커녕 스스로 노력하는 힘을 북돋아 주는 원천이며, 온 힘을 다해 이 세상을 살아가는 게 하는 원동력이다. 안일만을 좇다가는 타락의 길로 떨어지겠지만, 정직하고 진실한 마음으로 일하는 사람은 힘과 자신감과 승리를 얻는다.

베이컨은 이렇게 말한다. "사람들은 부와 힘을 제대로 이해하지 못하는 것 같다. 부는 너무 과대평가하고 힘은 너무 과소평가한다. 자기 힘에 의존하고 힘든 일을 참아내는 사람은 자기의 물통에서 물을 떠 마시고, 자기가 구해 온 맛있는 빵을 먹으며, 참 생활을 위하여 배우고 일하며, 자기 손에 들어온 좋은 것들을 주의 깊게 쓰는 법을 배울 것이다."

안일과 자기 탐닉에 빠지기 쉬운 것이 인간의 천성이다. 그러니 부유한 사람은 더욱 그럴 수밖에 없다. 그러므로 부유한 집에 태어났어도 적극적으로 사회 활동에 참여하고, 이른바 '향락을 비웃고 부지런하게 생활하는' 사람들은 존경받을 만하다.

▪▶ 타인의 도움을 적절히 활용하라

성공을 위해서는 개인의 노력이 가장 중요하지만, 동시에 남의 도움도 대단히 중요하다는 것을 인정해야 한다.

워즈워스가 "남자다운 의존과 남자다운 자립, 이것은 서로 대립되어 보이지만 실제로는 병행해야만 한다."고 한 것은 지당한 말이다. 유아에서 노년에 이르기까지 누구나 어느 정도는 타인의 덕을 입고 사는 것이다. 그러므로 가장 훌륭하고 가장 강한 사람은 누구보다도 먼저 이러한 도움을 인정한다.

예를 들어 고故 알렉시스 드 토크빌의 일생을 보면, 그는 친가와 외가가 모두 좋은 가문으로, 아버지는 프랑스의 이름 높은 귀족이요, 어머니는 유명한 말제르브의 손녀였다. 가문의 세력으로 그는 겨우 스물한 살 때 베르사유의 소청所請 판사로 임명되었으나, 자기 힘으로 공정하게 지위를 얻은 것이 아님을 통감하여, 이 지위를 버리고 자기의 노력으로 앞날을 개척해 보리라 결심하였다. 어리석은 결심이라고 말한 사람도 있었겠지만, 토크빌은 자신의 결심을 대담하게 행동으로 옮겼다. 그는 이 자리를 사임하고 프랑스를 떠나 미국 여행을 했는데, 이 경험을 통해 〈미국의 민주주의〉라는 대작을 썼다.

토크빌 자신은 어느 친구에게 쓴 편지에서 이와 같이 말한다.

"사람이 일생을 사는 동안 전혀 활동하지 않고 보낼 수 있는 시간은 없다. 나는 인생을 쉬지 않고 점점 더 추운 지방으로 여행하는 나그네길이라고 생각한다. 더 추운 지방으로 갈수록 더 빨리 걸어야 하는 것이다. 정신의 큰 병은 한기寒氣와 같은 것이니, 이 억센 병에 저항하려면 항상 정신 활동을 활발히 하고 남들과 늘 교류를 해야 한다."

토크빌은 이처럼 자신의 노력과 열정이 무엇보다 중요하다는 것을 확신한 사람이지만, 다른 사람의 도움과 후원의 가치도 누구 못지않게 인정했다. 그래서 그는 많은 도움을 받았던 그의 두 친구 드 케르골레이와 스토펠의 은혜에 종종 감사를 표시하였다. 드 케르골레이에게 보낸 편지에서 그는 다음과 같이 말했다.

"자네야말로 내가 신뢰하며, 동시에 나에게 진정한 감화를 주는 친구일세. 물론 나의 사소한 행동에 영향을 끼친 사람은 많지만, 생각의 기초와 덕행의 근본을 수립하는 데 자네만큼 나에게 감화를 준 사람은 없다네."

토크빌은 또한 아내 마리아가 자기의 뜻을 격려하여 학문을 성취하게 한 공이 크다고 감사했다. 그리고 성품이 고상한 아내는 저절로 남편의 인격을 높이지만, 성품이 천한 아내는 남편의 품성까지 떨어뜨린다고 믿었다.

요컨대, 사람의 성품은 수많은 감화, 모범과 교훈, 언행과 책, 친구와 이웃, 좋은 말씀과 선행의 유산을 이어받은 조상들, 우리가 살고 있는 주변 세상에 의해서 형성된다.

그러나 이런 영향력보다 더욱 중요한 것은 자신이다. 자신의 행복과 덕행은 자신의 힘으로 이루어야 하는 것이다. 세상 일의 본질은 자기가 스스로 자기를 도와야 한다는 것이다.

제 2 장

참고 노력하면 이루지 못할 것이 없다

▶ 성실성과 인내심이 없다면 천재도 없다

사람들은 행운이 눈이 멀었다고 종종 비난을 하지만, 인간만큼 눈이 먼 것은 아니다. 실제 생활을 자세히 보면, 마치 순풍과 온화한 파도가 유능한 뱃사람에게만 따라다니는 것처럼, 행운은 항상 부지런한 사람 편에 있다는 것을 알게 될 것이다.

훌륭한 사람은 제아무리 수준 높은 학문을 연구한다고 하더라도 성실성, 깊은 주의력, 몰두, 그리고 굳은 인내와 같은 평범한 행동의 가치를 가볍게 생각하지 않는다. 위대한 사람들일수록 천재의 힘을 누구보다도 적게 믿었으며, 보통 사람들처럼 세상일에 밝고 끈질긴 불굴의 정신을 지니고 있었다.

천재를 무시하고 상식만을 강조하는 이도 있었다. 존 포스터는 천재를 가리켜 "자기 마음속에 열정의 불을 붙이는 힘"이라 했고, 뷔퐁은 "천재는 바로 인내이다"라고 말했다.

뉴턴은 분명히 특별한 재능을 타고난 사람이었다, 그러나 어떻게 해서 그런 훌륭한 발견을 했느냐는 질문을 하면, "항상 그것을 깊이 생각했기 때문입니다." 하고 겸손히 대답했다. 또한 그는 자신의 연구 방법을 이렇게 피력했다. "나는 항상 나의 문제를 심중에 두고 기다립니다. 그러면 처음엔 희미하게 보이던 불빛이 마침내는 둥글고 밝은 빛이 되는 것입니다."

뉴턴의 경우와 마찬가지로, 위대한 명성을 얻은 다른 모든 사람들도 알고 보면 오직 열정과 굳은 의지만이 있었던 것이다. 뉴턴은 하던 일에 권태를 느끼면 연구 내용을 바꿔 정신을 새롭게 하면서 휴식을 취했다.

벤틀리 박사에게 그는 이런 말을 했다. "만일 내가 공익을 위해 뭔가 한 일이 있다면 그것은 오직 근면과 인내로써 생각하고 연구했기 때문입니다."

▐▶ 천천히 가는 사람이 오래 가고 멀리 간다

성실성과 인내만으로 비상한 업적을 이루는 것을 보고, 천재란 보통 사람들이 생각하듯이 그렇게 특별한 사람이 아니라는 것을 깨달은 사람도 있다. 그래서 볼테르는 천재와 보통 사람의 격차는 극히 작은 것이라고 주장했다.

베카리아는 만인이 다 시인이나 웅변가가 될 수 있다고 했으며, 레이 놀즈는 사람이라면 누구나 다 화가나 조각가가 될 수 있다고 말했다. 그렇다면, 카노바이탈리아의 조각가가 세상을 떠났을 때 그의 형에게 "카노바의 일을 당신이 맡아 할 생각이시오?" 하고 질문한 영국인이 그다지 잘못한 것은 아닐지도 모른다.

로크, 엘베시우스, 디드로는 모든 사람에게 천재가 될 가능성이 있다고 생각했으며, 어떤 사람이 일정한 능력으로 성취한 일이라면 같은 환경에서 같은 노력으로 그 일에 전념하는 다른 사람들도 그 일을 성취할 수 있는 것이라고 믿었다.

그러나 노력의 힘이 얼마나 대단한지도 인정하고, 천재 역시 노력 없이는 존재할 수 없다는 것을 인정하지만, 타고난 심성과 지혜 없이는 아무리 노력하고 전념하더라도 셰익스피어 같은 위대한 문학가, 뉴턴 같은 위대한 과학자, 베토벤 같은 위대한 음악가, 또한 미켈란젤로 같은 위대한 예술가가 될 수 없다는 것도 명백한 일이다.

화학자 돌턴은 스스로 자신을 '천재'라는 생각을 하지 않고 자기가 성취한 모든 일은 오직 근면과 노력의 결과라고 생각했다. 존 헌터는 자기 자신을 평하여 이렇게 말했다. "나의 마음은 꿀벌통과 같다. 비록 그것이 소음과 혼란으로 가득 차 있지만, 그래도 거기엔 정연한 질서가 있으며, 쉬지 않고 일하여 가장 훌륭한 자연의 보고에서 거두어들인 식량으로 가득 차 있다."

사실 위대한 사람들의 전기를 한 번 훑어만 보더라도, 탁월한 발명가, 예술가, 사상가 등의 성공은 그들의 지칠 줄 모르는 성실성과 노력의 결과라는 것을 알 수 있다. 이들은 모든 것을 황금으로 바꾼 사람들이며, 심지어는 시간까지도 황금으로 바꾼 사람들이었다.

디즈레일리는 성공의 비결이 자기가 다루는 문제를 완전히 숙달하는 데에 있으며, 이러한 숙달은 다만 끊임없는 노력과 연구를 통해서만 이룰 수 있는 것이라고 말했다.

이처럼 세상을 가장 크게 움직인 사람들은 천재라고 불렸던 사람들이 아니라, 강한 의지를 가진 보통 능력의 사람들이며, 강건한 인내력이 있는 사람들이었다. 또한 영리하고 비상한 재주를 가진 사람들이 아니라, 무슨 일에 종사하든 부지런히 자기 일에 전념하는 사람들이었던 것이다.

아무리 영민한 사람이라도 참고 견디는 힘이 없으면 인생 경주에서 결국엔 근면한 사람에게 지게 마련이며, 심지어는 자신보다 우둔한 사람에게도 뒤떨어지고 만다. 이탈리아의 속담에도 이런 말이 있다.

"천천히 가는 사람이 오래 가고 멀리 간다."

▶ 잘하고 싶다면 버릇이 될 만큼 연습하고 또 하라

성공하기 위해서는 자신이 잘하고자 하는 일을 습관이 될 만큼 반복하여 연습해야 한다. 이것만 되면 원하는 일을 성취해 나가는 것이 비교적 쉽다는 것을 알게 될 것이다. 하지만 이것이 말처럼 쉬운 것은 아니다. 이런 습관을 들이기 위해서는 반복에 반복을 거듭해야 한다. 극히 간단한 기술일지라도 반복과 숙달 없이는 이루어지지 않는 법이다. 잘하고자 하는 일이 습관이 된다면야 못할 일이 무엇이 있겠는가!

평범한 사람이었던 로버트 필 경이 그렇게도 훌륭한 역량을 길러 영국 상원의 찬란한 인물이 된 것도, 일찍이 수양을 쌓고 노력을 반복한 결과이다. 그는 드레이턴 매너에서 소년 시절을 보냈는데, 이때 그의 부친은 그를 책상 앞에 세워 즉석 연설을 시켰으며, 어린 시절부터 주일에 목사의 설교를 듣고 암송하는 습관을 들이게 했다. 처음에는 별로 진전이 없었으나, 참고 꾸준히 연습한 결과 주의력이 생겼고, 마침내는 그날의 설교를 글자 하나 빠뜨리지 않고 그대로 반복할 수 있게 되었다. 후에 의회에서 정적政敵들의 논박에 지체 없이 유창하게 응답하기로 그에 견줄 만한 사람이 없었는데, 이것이 모두 어린 시절 그러한 반복 훈련으로 길러진 것인 줄은 아무도 상상하지 못했을 것이다.

극히 평범한 일에서도 계속적인 반복과 노력이 주는 효과는 놀랄 만큼 크다. 바이올린을 켜는 것이 간단한 일로 생각될지 모르나, 참으로 많은 시간과 피 나는 연습이 필요하다. 어느 청년이 바이올린을 배우려면 얼마나 시간이 걸리겠느냐고 묻자, 야디니는 다음과 같이 대답했다. "하루에 열두 시간씩 연습한다 치고 통틀어 10년은 걸리지."

무용하는 사람에게도 끊임없는 노력이 필요하다. 무용가가 찬란한 명성을 얻으려면, 먼저 동전 한 푼 수입도 없이 여러 해 동안을 끊임없이 노력해야만 한다. 탈리오니는 야간 공연을 위해 아버지의 감시 밑에서 두 시간 동안 맹연습을 하고, 이 때문에 완전히 인사불성에 빠져 쓰러지곤 했다. 그러면 아버지는 옷을 벗기고 해면으로 몸을 비벼 다시 정신을 차리게 했다. 야간 무대에 올라 나비처럼 경쾌하게 춤을 출 수 있었던 것은 오직 이런 고된 훈련의 결과이다.

⫶ 끝까지 포기하지 않으려면 밝은 성격이 필요하다

최상의 진보는 그 속도가 느리다. 위대한 결과란 당장에 얻을 수 있는 것이 아니다. 그러므로 우리는 인생 행로에서도 마치 걷는 것처럼 한 걸음 한 걸음 전진하는 데 만족해야 한다.

드 메스트르는, "기다리는 방법을 아는 것이 위대한 성공의 비결이다."라고 말했다. 거둬들이기 전에 씨를 뿌려야 하며, 희망을 품고 참을성 있게 앞을 바라보는 데 만족하고 오랫동안 기다려야 한다. 기다릴 만한 가치가 있는 열매는 결실의 속도가 느린 법이다. 동양 속담에 이런 말이 있다. "충분한 시간과 인내가 있어야만 뽕나무의 잎이 비단으로 된다."

그러나 참을성 있게 기다리려면 밝은 성격이 필요하다. 즐겁고 쾌활하게 일을 해 나가야 하는 것이다. 억지로 마지못해 우거지상을 하고 일은 한다면 결실을 얻을 때까지 인내하기 힘들다. 언제나 밝은 마음으로 임하면 일은 물론 일상생활도 즐겁게 해나갈 수 있게 된다.

어느 목사가 평정심이 기독교 정신의 10분의 9를 차지한다고 말한 것과 같이, 밝은 성격과 성실은 인생을 살아가는 지혜의 10분의 9를 차지한다. 밝은 성격과 성실은 행복뿐 아니라 성공의 생명이요, 정신이다.

인생의 가장 큰 행복은 자신이 좋아하는 일을 즐겁게 열심히 하는 데 있다. 이렇게 할 수 있느냐 없느냐에 따라 나머지 인생도 달라지는 것이다.

시드니 스미스는 요크셔의 포스턴 레 클레이에서 교구 목사로 일하게 되었다. 그 당시 그는 이 직무가 자신에게 적당하다고 생각되진 않았지만 최선을 다해 보리라는 굳은 결심을 하고 밝은 마음으로 즐겁게 일을 해 나갔다. 그리고 그는 이렇게 말했다.

"나는 이 일을 좋아하고 나 자신을 이 일에 적응시킬 결심이다. 이렇게 하는 편이 일이 자기에게 적당하지 않다고 불평하여 파면을 당해서 폐인이 되는 것보다 더 남자다운 일이라 믿는다."

▶ 역경 속에서도 절대 희망을 잃지 말라

공익을 위해 일하는 사람들은 당장 원하는 보수나 결과도 기대하지 못한 채 오랫동안 참고 일해야만 한다. 그들이 뿌린 씨는 때때로 겨울의 눈 속에 묻혀 있기도 하고, 봄이 오기 전에 씨를 뿌려놓은 사람이 이미 이 세상을 떠나게 되는 수도 있다.

롤런드 힐우편 제도의 창시자 같은 사람은 다행히도 생전에 자신이 뿌린 씨가 열매를 맺는 것을 보았지만, 모든 사람이 다 그렇지는 못하다.

애덤 스미스는 그 거무죽죽하고 오래된 글래스고 대학에서 오랫동안 애쓰며 위대한 사회 개선의 씨를 뿌렸고, 그의 저서 〈국부론〉의 기초를 세웠다. 그러나 이 저서가 실제로 열매를 맺기까지 70년의 세월이 걸렸고, 그는 살아 생전에 그 효과를 보지 못했던 것이다.

인간이 희망을 잃으면 무엇으로도 이것을 메울 길이 없다. 그리고 희망을 잃은 사람은 성격마저 완전히 달라진다. 위대하나 불행했던 어느 사상가는 이와 같이 말했다. "내가 모든 희망을 잃었는데 어찌 일할 수 있으며, 어찌 행복할 수 있겠는가?"

미국의 조류학자 오두본의 일화 역시 역경 속에서도 희망과 일에 대한 열정을 잃지 않는 것이 얼마나 중요한가를 잘 보여 준다.

다음은 그의 말이다.

"나는 오하이오 강둑에 자리잡은 켄터키의 헨더슨 마을에서 여러 해 동안 살고 있었는데, 볼일이 있어 잠시 필라델피아로 가게 되었습니다. 그래서 떠나기 전에 오랜 연구 끝에 얻은 천 장에 가까운 조류 표본 그림을 주의 깊게 나무 상자 속에 넣어, 손상이 없도록 조심하라는 당부와 함께 친척 한 사람에게 그것을 맡겼습니다. 필라델피아에서 몇 달 있다가 집에 돌아와 며칠을 보낸 후 '나의 보물'이라고 부르던 그 상자를 찾아와서 열어 보았죠. 그런데 쥐 한 쌍이 온통 이 상자를 차지하고 갈가리 찢어진 종이 속에 새끼 한 마리를 치고 있는 것이 아니겠습니까! 한 달 전만 해도 이 상자 속엔 천 마리에 가까운 조류의 표본 그림이 있었는데! 갑자기 울화가 끓어올라 나의 온 신경을 마비시켜 버리는 것이었습니다. 실신 상태에 빠져 나는 며칠 동안을 멍하니 정신이 나간 상태에서 보내다가 간신히 기력을 회복했습니다. 그리고 다시 총과 수첩과 연필을 들고 마치 아무 일도 일어나지 않았던 것처럼 활기차게 숲 속으로 들어갔습니다. 이제는 전보다 나은 표본 그림

을 그릴 수 있을 것이라는 기쁜 생각이 들었으며, 3년도 채 되지
않아 나의 표본 그림 가방은 다시 가득 차게 되었습니다.”

🔹 오뚝이처럼 다시 일어나라

다이아몬드란 강아지가 책상 위의 촛불을 쓰러뜨려 아이작 뉴턴 경의 서류가 불에 타, 여러 해 동안 고심해서 연구한 수학 계산이 순식간에 재로 변했다는 일화는 너무나도 유명한 이야기이다. 이 일로 그 유명한 학자는 깊은 비탄에 빠져 건강도 해쳤을 뿐만 아니라 결국에는 계산 능력까지 떨어졌다고 한다.

칼라일이 〈프랑스 혁명〉 제 1권 원고를 쓸 때에도 이와 비슷한 일이 일어났었다. 그는 이 원고를 학문을 좋아하는 어떤 이웃 사람에게 읽어 보라고 빌려 주었다. 우연한 일로 이 사람은 원고를 응접실 마루에 놓아 둔 채 잊어버리고 말았다.

몇 주일이 지난 후 출판사의 원고 독촉이 심해지자 칼라일은 사람을 보내어 원고를 돌려달라고 했다. 그제야 이웃 사람도 그 원고 생각이 나서 찾아보니, 이게 웬일인가, 자기 집 하녀가 마루 위에 있던 원고를 한 다발의 폐지인 줄 알고 부엌과 응접실 난롯불을 피우는 데 썼다는 것이다!

이런 회답을 듣고 칼라일의 심중이 어떠했을지 가히 짐작이 간다. 그러나 이제는 용기를 내어 그 책을 다시 처음부터 쓰는 길 외엔 별 도리가 없었다. 그는 단호히 이 길을 택하여 일을 다시 시작한 것이다. 따로 적어 둔 초본이 없었으므로, 그는 오래 전에 잊어버린 사실, 생각, 그리고 표현을 기억에서 되살려야만 했다.

처음에 이 책을 쓰는 일은 즐거운 일이었으나, 이것을 다시 처음부터 쓰자니 그 노고와 고통은 믿기 어려울 정도로 컸다. 그가 이것을 참고 그 책을 완성했다는 것은 과연 보기 드문 인내와 일에 대한 열정의 좋은 예라 할 수 있다.

▶ 끝까지 참고 견디라

유명한 발명가의 생애에서도 우리는 이와 같은 강인한 인내와 의지를 뚜렷이 볼 수 있다. 15년 동안 기관차 개량에 심혈을 기울여 레인힐에서 결정적인 개가를 올린 조지 스티븐슨은 젊은 사람들에게 연설할 때 자신의 충고를 다음과 같이 요약해서 말했다. "제가 한 대로만 하십시오. 무조건 참고 끝까지 하십시오."

이러한 실례는 발명 분야뿐만 아니라 과학, 예술, 산업 등 다른 여러 분야에도 허다하다. 그 중에서 가장 흥미 있는 것은 니네베의 대리석 고분 발굴과 이 대리석에 조각되어 있던 설형문자의 발견이다. 이것은 그 옛날 마케도니아가 페르시아를 정복한 후 완전히 매몰되어 있었던 문자이다.

콩트 드 뷔퐁의 경력도 인내와 성실의 힘을 뚜렷이 입증해 준다. 그는 박물학에 탁월한 공적을 세웠지만, 어린 시절에는 평범한 소년이었다. 그는 머리 회전이 늦고, 일단 얻은 지식을 다시 생각해 내는 데도 빠르지 못했다. 본래 몸이 빠르지를 못하고 게다가 부잣집에 태어났으므로, 사람들은 모두 그가 게으른 생활을 할 것이라고 생각했다.

그러나 이와 반대로, 그는 일찍이 쾌락을 버리고 연구와 자기 수양에 힘을 기울였다. 시간을 한정된 보물이라 생각하고, 아침에 늦잠을 자면 많은 시간을 잃는 것이라 깨닫고는, 그 나쁜 습관을 끊기로 결심하였다.

그는 한참 동안 이 악습과 싸웠으나 도무지 정한 시간에 일어날 수가 없었다. 그래서 그는 하인 조제프에게 도움을 청하여, 자기를 여섯 시 전에 일어나게 해 주면 그때마다 은화 1크라운을 주기로 약속했다.

처음에는 깨워도 몸이 아프다고 하거나, 왜 곤히 자는 사람을 깨우느냐고 화를 내면서 아무리 해도 일어나려고 하지 않았다. 할 수 없이 그대로 두면 실컷 자고 일어나서는 도리어 왜 그냥 내버려 두었느냐고 나무라기만 하는 것이었다. 마침내 하인은 꼭 은화를 벌 결심을 하고, 뷔퐁이 간청을 하고 충고를 하고 당장 해고하겠다고 위협을 해도 못 들은 체 깨워서 드디어 일어나게 만들었다.

어느 날 아침에는 뷔퐁이 절대 일어나려고 하지 않자 조제프는 비상 수단을 쓰지 않을 수 없다 생각했다. 잠자는 침대에다 찬물을 부었더니 즉효가 있었다. 이리하여 후일 뷔퐁은 자기의 박물학 책 서너 권은 조제프의 덕으로 쓴 것이라고 말하곤 했다.

▶ 체계를 세워 시간을 관리하라

40년 동안 뷔퐁은 매일 아침 아홉 시면 책상에 자리잡고 앉아 오후 두 시까지 연구하고, 저녁에도 다섯 시에서 아홉 시까지 연구를 계속했다. 이러한 생활은 매우 꾸준하고 규칙적이어서 아주 습관이 되어 버렸다.

어떤 사람이 쓴 그의 전기 속에는 이런 말이 있다. "그의 연구는 인생의 기쁨이었다. 그의 영광스러운 생애가 거의 끝나 갈 무렵, 그는 '몇 년만 더 살아 이 연구에 계속 헌신할 수 있었으면' 하고 자주 말했다."

그는 매우 양심적인 학자여서, 독자에게 최상의 방법으로 표현된 사상을 전달하려고 힘썼다. 원고를 재삼 재사 손질했기 때문에 그의 문체는 거의 완벽하다고 할 수 있다. 약 50년 동안 사색해서 탄생시킨 〈자연의 연구〉는 무려 열한 번이나 개작을 하고 나서야 비로소 만족하였는데, 원래 성격이 완벽하고 질서정연한 것을 좋아했다. 그가 크게 성공한 것은 끊임없이 노력하는 성실성과 일에 온 힘을 기울이는 열정 덕분인 것이다.

매덤 네카르는 뷔퐁에 대해 다음과 같은 말을 했다. "뷔퐁은 어떤 특정한 한 가지 주제에 깊은 열정을 쏟으면 누구나 천재가 될 수 있다고 굳게 믿었습니다. 그는 원고를 쓸 때, 초고를 끝냈을 때는 피로가 심하지만 기운을 내어 또 한 번 원고를 주의 깊게 살펴보고, 어느 정도 원고가 완성되었다는 생각이 들어도 계속 이와 같이 반복했습니다. 그러다 보면 시간이 오래 걸리고 공을 들여야만 하는 이 교정 작업에서 피로가 아니라 즐거움을 얻을 수 있었다고 말했습니다."

　　여기에 덧붙여 할 말이 있다. 뷔퐁이 이 모든 대작을 출판하던 때, 그는 고통이 극심한 중병에 걸려 있었다.

▶ 꾸준하고 규칙적인 생활 습관을 들이라

문학가의 생애에서도 성실과 열정, 인내를 보여 주는 실례는 얼마든지 있다. 월터 스콧 경은 여러 해 동안 어느 변호사 사무실에서 문서를 기록하는 하찮은 서기로서 고생스러운 일을 했다.

그러나 이런 경험을 통해 그는 모든 사람의 찬사를 받는 걸작을 쓸 자질을 단련했던 것이다. 매일 재미도 없는 판에 박힌 일을 했기 때문에 오히려 자기만의 시간인 저녁 시간이 더욱 고맙게 생각되었으며, 그는 이 저녁 시간을 독서와 연구에 바쳤다.

문학하는 사람들은 대체로 꾸준하고 규칙적인 생활 습관이 부족한 경우가 많은데, 그는 변호사 사무실에서 천편일률적인 단조로운 일을 한 덕분에 규칙적인 생활 습관을 갖게 되었다고 말했다.

말년에 스콧은 스스로 자신이 사무실에서 서기로 일했던 것을 자랑하곤 했다. 그는 천재라고 반드시 일상의 평범한 일을 싫어할 이유가 없음을 역설했다. 그는 오히려 하루하루 평범한 일을 잘하며 시간을 보내는 것이야말로 보다 더 높은 능력을 개발시키는 길이라고 생각했다.

후에 그가 에든버러 지방 의회의 서기로 일하게 되었을 때, 그는 주로 아침 식사 전에 집필을 하고, 낮에는 의회에 나가 각종

문서와 기록의 인증 사무에 종사했던 것이다.

로크하트는 이렇게 말한다. "스콧은 문학가로 가장 활발하게 활동한 시기에도 줄잡아 매해의 절반을 성실하게 사무실에 나가 직무를 이행하는 데 보냈다. 아마 이것이 그의 생애에서 가장 특별한 점이라고 할 수 있을 것이다."

생계는 다른 일로써 얻어야지 문학으로 얻어서는 안 된다는 것이 그가 정한 행동 원칙이었다. 어느 때인가 그는 이런 말을 한 적이 있다.

"문학을 나의 지팡이로 삼을 것이지 목다리로 삼지는 않으리라. 또한 문학으로 얻는 이익이 아무리 긴요하다 하더라도 결코 나의 생계에 쓰지는 않으리라 결심했다."

▶ 겸손한 마음으로 끝없이 배우라

스콧은 언제나 정확하게 시간 약속을 지켰다. 이것은 그가 매우 신경을 써서 노력한 결과 얻은 습관이었다. 그에게 이러한 습관이 없었더라면 그처럼 큰 문학 작품을 만들어 내지 못했을 것이다.

그는 자기가 받은 편지에 대해서는, 알아볼 일이 있거나 심사숙고해야 할 경우를 제외하고는, 그날로 답장하는 것을 규칙으로 삼았다. 이렇게 하지 않았더라면, 홍수같이 쏟아져 들어오는 편지에 일일이 답장을 보낼 수 없었을 것이다.

그는 다섯 시에는 잠자리에서 일어나 자기 손으로 등불에 불을 붙이는 것이 습관이었다. 그리고는 조심스레 세수와 면도를 하고 옷을 입고 난 다음 여섯 시까지는 책상에 앉았다. 책상에는 그날 살펴보아야 할 문안이 항상 깨끗하게 정돈되어 있었으며, 거실에는 참고 서적이 즐비하게 늘어져 있는 가운데 그가 사랑하는 강아지 한 마리가 서적들 옆에서 그의 눈치를 살피고 있었다.

이렇게 해서 아홉 시에서 열 시 사이에 식구들이 아침 식사를 하려고 모일 때까지는 그는 이미 상당히 많은 일을 했으며, 그의 말대로 '계획된 하루의 첫 고비를 마칠 수' 있었다.

그러나 이와 같이 쉬지 않고 공부하여 많은 지식이 있었건만,

그는 항상 자기의 능력에 대하여 겸손했으며, "일평생 나는 나의 무지 때문에 위축되어 고생을 해 왔다."고까지 말했다. 진정한 지혜와 겸손은 이러한 것이다. 사람이란 많이 알면 알수록 그만큼 자만심이 사라지는 것이다.

"이제는 공부가 끝났습니다." 라며 교수에게 작별 인사를 하러 갔던 어느 대학 신학부의 학생이 "그런가? 나는 이제부터 나의 공부를 시작하려 하는데!" 하는 교수의 은근한 나무람을 듣고 대오각성했다는 일화가 있다.

피상적인 공부를 한 천박한 자는 자기의 지식을 자랑할지 모르지만, 현자는 "사람이 아는 것은 오직 아무것도 모른다는 것뿐이다." 하고 겸손한 고백을 하는 것이다. 뉴턴 같은 사람도, "나는 다만 바닷가의 조개를 줍고 있을 뿐이지, 정말 큰 진리의 대양은 건드리지도 못한 채 저 앞에 놓여 있는 것이다." 라고 했다.

제3장

준비된 사람에게만 행운이 찾아온다

▶ 사소한 일에 더욱 주의를 기울이라

'우연'으로 인생의 큰 일을 이룰 수는 없다. 때로는 대담한 모험으로 '요행'을 얻는 경우도 있지만, 꾸준하게 열심히 전념하는 길이 유일하고 안전한 성공의 길인 것이다.

풍경화가 윌슨은 그림을 다 그리고 나서 뒤로 멀찍이 물러서서 진지하게 작품을 주시하더니, 별안간 그림 앞으로 걸어가 몇 군데에 대담하게 붓칠을 가하였더니 걸작이 탄생했다는 이야기가 있다.

그러나 아무나 이런 식으로 화폭에 붓칠을 더한다고 이와 같은 성공을 거둘 수 있는 것은 아니다. 최후의 중요한 화필을 가할 수 있는 능력은 일생 동안 쌓은 공으로 얻을 수 있는 것이다. 수많은 세월 동안 이렇듯 정성 들인 수련을 거치지 않은 미술가는, 단 한 번의 가필로 명화를 그려 보려 하다가 오히려 화폭에 더러운 얼룩점을 만들 뿐이다.

걸작을 만들어 내는 참다운 대가들은 항상 끊임없이 자신의 작품에 주의를 기울이고 부지런하다. 진정 위대한 사람은 나날의 조그마한 일들을 소홀히 하지 않는다. 오히려 가장 많은 주의를 기울여 이 조그마한 일들을 개선하는 사람인 것이다.

미켈란젤로는 어느 날 자기 화실을 찾아온 친구에게, 그가 전에 다녀간 이후로 제작 중이던 조각 작업이 얼마나 진척됐는지 열심히 설명했다.

"이 부분은 다시 손질했어. 그리고 저것은 윤을 냈지. 이 모양은 부드럽게 하고, 저 근육엔 살을 붙이고, 이 입술엔 다소 표정을 가미하고, 저 다리엔 더 많은 힘을 넣었어."

그 말을 듣고 친구가 말했다.

"하지만 그런 일은 모두 사소한 일이잖나."

그러자 미켈란젤로가 대답했다.

"그럴지도 모르지. 하지만 사소한 일이 모여서 완벽한 것을 이룰 수 있다는 것을 잊지 말게. 전체를 완성하기 위해 그것은 결코 사소한 일이 아니지."

화가 니콜라스 푸상의 생활 원칙은 '무엇이든 적어도 할 만한 가치만 있다면 잘해 볼 가치가 있다.' 는 것이었다고 한다. 말년에 그의 친구 비그뉴엘 드 마비유가 어떠한 방법으로 이탈리아 화가 중에서 그처럼 탁월한 명성을 얻을 수 있었느냐고 묻자, 푸상은 힘을 주며 이와 같이 대답했다.

"어떠한 일도 소홀히 하지 않았기 때문일세."

:▶ 관심을 갖고 있을 때 우연도 찾아온다

우연히 이루어진 발견이 더러 있기는 하지만, 조심스레 관찰해 보면 진정한 의미에서 우연한 일이란 거의 없는 것이다. 이른바 우연이라는 것은 대부분이 세심하게 연구하여 얻은 기회를 잡은 것에 지나지 않는다.

사람들은 뉴턴의 발 밑에 사과가 떨어졌다는 사실을 흔히 '우연한 발견'의 증거로 내세운다. 그러나 뉴턴은 인력 문제에 대하여 그 전에 이미 여러 해 동안 심혈을 기울여 연구를 했던 것이다. 그래서 그의 눈앞에 사과가 떨어졌을 때 문득 그 진리를 깨달은 것이며, 그에게 찬란한 발견의 광명이 비친 것이다.

이와 마찬가지로, 보통의 담뱃대에서 뿜어 나오는 아름다운 빛깔의 대부분 사람들에게는 공기처럼 아무것도 아닌 사소한 것으로 보이는 비누 거품을 보고서, 영 박사는 묘한 광선 간섭의 이론을 깨닫고 광선 회절迴折에 관한 발견을 하게 되었다.

사람들은 대개 위대한 사람들이 큰 일만 다루는 것으로 생각하지만, 뉴턴과 영 같은 사람들은 잘 알려져 있는 극히 단순한 사실이 지니고 있는 중요한 의미를 알아보려 했던 것이다. 이들의 위대함은 주로 이러한 조그마한 일들을 현명하게 설명한 데에 있다.

▶ 정신을 집중하고 관찰하라

사람의 능력 차이는 대체로 얼마나 관찰력이 있는가에 달려 있다. 관찰력이 부족한 사람을 비유하는 격언으로 러시아에는 "숲속을 거닐면서도 땔나무 하나 발견하지 못한다."는 말이 있다. 솔로몬은 "현인의 눈은 머리 속에 있고, 어리석은 자는 어둠 속을 거닌다."라고 말했다.

이탈리아에서 막 돌아온 멋쟁이 신사에게 존슨은 이런 말을 한일이 있다. "신사 나리, 유럽을 여행한 사람보다 이곳 햄프스테드 극장에서 더 많이 배우는 사람들도 있답니다."

마음도 눈처럼 볼 수 있는 것이다. 생각이 없는 사람들은 아무것도 보지 못하지만, 총명한 사람들은 눈앞에 벌어지는 일의 속까지 들여다보고, 주의 깊게 그 차이를 살피며, 이들을 비교하고, 그 밑바닥에 깔려 있는 관념까지 파악하는 것이다.

갈릴레오 이전의 많은 사람들도 높이 걸린 물질이 일정한 속도로 흔들리는 것을 보았지만, 이 사실의 가치를 알아 낸 사람은 갈릴레오가 처음이었다. 피사의 중앙 성당에서 일하는 사람이 지붕밑에 걸린 램프에 기름을 넣고는 램프를 흔들리는 채로 내버려두었다. 겨우 열여덟 살의 갈릴레오는 이것을 주의 깊게 관찰하고,

이를 시간 측정에 적용해 볼 생각을 한 것이다.

그러나 50년간의 연구와 노력을 하고 나서야 비로소 진자의 발명을 완성하였으니, 시간 측정과 천문 계산에서 이 진자의 중요성은 아무리 높이 평가해도 지나치지 않는다.

또한 갈리레오는 리퍼세이라고 하는 네덜란드의 어느 안경 제조자가 나소의 모리스 백작에게 먼 것을 가깝게 보이게 하는 기구를 바쳤다는 이야기를 듣고, 이 현상의 원리를 깊이 연구한 끝에 망원경을 만들어 냈다. 이것이 바로 현대 천문학 연구의 시초를 이룬 것이다.

이와 같이 발견은 게으른 관찰자나 그저 수동적으로 남의 말을 듣는 사람들은 결코 이루지 못할 일이다.

▶ 작은 일이라도 간과해서는 안 된다

겉으로 보기에 사소한 이런 현상들 속에서 그 가치를 발견하는 것은 그것을 관찰하는 사람의 총명한 눈인 것이다. 육지가 보이지 않는다고 선원들이 반란을 일으켰을 때, 콜럼버스는 아주 사소한 현상, 즉 때마침 배 옆에 떠 있던 해초를 발견하고, 이것을 가리키며 그들이 열심히 찾고 있는 신천지가 이제는 멀지 않았다고 안심을 시켜 반란을 진압했다.

아무리 작은 일이라도 간과해서는 안 되며, 아무리 사소한 일이라도 주의 깊게 그 뜻을 살피면 어느 면으로든지 유용한 것이다. '알비온의 깎아 세운 듯이 높이 솟아 있는 백악암'이, 사실은 산호초를 만들어 바다를 장식하는 조그만 벌레의 종류현미경으로나 겨우 볼 수 있는가 쌓아올려진 것이라고 누가 생각할 수 있었을까! 이런 거대한 결과가 한없이 조그만 작용에서 일어난다는 것을 아는 사람이라면, 그 누가 조그마한 일의 힘을 소홀히 여기겠는가?

예술, 과학, 기타 모든 인생사에서 성공하는 비결은 조그마한 일을 세밀히 관찰하는 데에 있다. 인간의 지식이란 연이은 몇 세대의 사람들이 조그마한 사실들을 축적한 것에 지나지 않는다. 사람들이 주의 깊게 저장해 둔 조그마한 지식과 경험이 마침내는 거대한 파라미드로 성장하는 것이다.

　이러한 사실과 관찰이 처음에는 별로 중요하지 않은 것처럼 보였으나, 이제는 모두 쓸모가 있고 각기 그 분야에서 적합한 역할을 한다. 외관상 실제 생활과는 거리가 먼 것처럼 보이는 사색이, 마침내는 실제 생활에 매우 필요한 것의 기초가 되는 경우도 많다.

　아폴로니어스 페르개우스가 발견한 원추 곡선의 경우도 20년이 지나서야 천문학의 기초가 되었다. 덕분에 오늘날 바다를 항해하는 사람은 망망한 대양 위에서 침로針路의 착오를 막고, 하늘의 별을 목표 삼아 원하는 항구에 도달할 수 있는 것이다.

　만일 수학자들이, 알지 못하는 사람들에게는 아무 소용도 없어 보이는 선과 표면의 추상적 관계에 대하여 그토록 고생하며 오랫동안 연구하지 않았더라면, 오늘날 빛을 보게 된 기계 발명은 기대할 수 없었을 것이다.

► 위대한 발명도 모두 사소한 데서 시작됐다

프랭클린이 번개와 전기가 동일한 것임을 발견했을 때, 사람들은 그것을 비웃으며 "그래? 그래서 그게 무슨 소용이 있는데?" 하고 물었다. 이 물음에 프랭클린은 이와 같이 대답했다. "어린애가 무슨 소용이 있지? 하지만 어린애가 어른이 되는 것이 아닌가!"

개구리의 다리를 다른 금속과 접촉시키면 경련을 일으키는 것을 갈바니가 발견했을 때에, 아무것도 아닌 것처럼 보이는 이 조그마한 사실이 중요한 결과를 초래하게 되리라고 누가 상상조차 했겠는가? 그러나 바로 이것이 전신 발명의 근원이 되어 대륙간에 통신을 할 수 있게 되었고, 몇 년이 지나지 않아 '온 지구에 띠를 두르는' 큰 결과를 이룬 것이다.

이와 마찬가지로, 땅에서 파낸 조그만 조각의 돌과 화석을 지혜롭게 연구하여 해명하는 가운데 지질학이 생겨났으며, 이를 바탕으로 많은 자본을 투자하여 실용적인 광산업을 경영하다 보니 수많은 사람들이 고용되어 이익을 얻은 것이다.

광산에서 물을 뽑아내고, 제분소와 제작 공장을 돌아가게 하고, 기선과 기관차를 움직이는 거대한 기계들을 작동시키는 근원의 힘은 바로 동력이다. 이 동력은 몇 방울의 물에 열을 가하는 극히 간단한 방법으로 얻을 수 있다. 이것이 바로 우리가 증기라고 부르는 것이다.

그러나 이것을 정교하게 만든 기구 속에 가두어 넣으면 수백만 마력과 동등한 힘이 생기고, 파도를 물리치고 태풍도 무색하게 하는 힘이 되는 것이다. 그리고 이와 같은 힘이 지구의 내부에서 작용하면 지구 역사의 큰 재변이 되는 분화와 지진의 원인이 되는 것이다.

전해지는 이야기로는, 우스터 후작이 감옥에 갇혀 있을 때 뜨거운 물이 담긴 그릇의 꽉 닫힌 뚜껑이 증기의 힘으로 날아가 떨어지는 것을 보고 우연히 증기력에 관심을 갖게 되었다고 한다. 그의 저서 〈발명의 세기〉에 이 관찰 연구의 결과를 발표하였고, 이것은 오랜 동안 증기력을 연구하는 사람들의 교과서가 되었다.

마침내 세이버리와 뉴코멘, 그리고 그 밖의 여러 사람이 이것을 실용 목적에 적용하여 증기 기관을 만들었고, 글래스고 대학에 소장되어 있는 이 뉴코멘 기관의 모형을 수리해 달라는 요청을 받은 사람이 바로 와트이다. 이렇게 해서 와트는 우연히 기회를 얻은 것이며, 그는 주저하지 않고 이 기회를 이용하여 일생의 노력을 기울여서 증기 기관을 완성시켰다.

▶ 명필가는 붓을 탓하지 않는다

기회를 포착하고, 우연한 일을 이용하고, 그것을 어떤 목적에 전환시키는 것이 성공의 큰 비결이다. 존슨 박사는 "우연을 잡아 자신이 원하는 방향으로 움직일 수 있는 대범한 힘을 가진 사람이 천재"라고 했다.

스스로 자기의 갈 길을 찾으려는 굳은 결심이 되어 있는 사람들은 항상 기회를 얻을 수 있다. 만일 기회가 다가오지 않으면 자기의 힘으로 기회를 만들면 된다.

과학과 예술 분야에서 큰일을 한 사람이 반드시 대학에 다닌 사람이거나 박물관과 미술 전시관에 많이 다닌 사람은 아니다. 위대한 기계공학자나 발명가도 언제나 기계학을 전문으로 가르쳐 주는 학교에서 훈련받은 사람은 아니었다.

편안함보다는 불편함이 발명의 모체였고, 인재를 가장 많이 낸 학교는 가난이라는 학교였다. 훌륭한 기술자들 중에는 극히 형편 없는 도구를 사용한 사람들이 많았다. 훌륭한 기술자가 되는 조건은 도구가 아니라 훈련된 기술과 인내의 정신인 것이다.

퍼거슨은 연필을 깎는 보통 칼로 놀라운 물건을 만들었다. 바로 정확하게 시간을 측정하는 목제 시계였다. 그의 칼은 누구나 갖고 있었지만, 그렇다고 사람마다 퍼거슨 같은 훌륭한 발명가가 될 수는 없는 것이다.

블랙 박사는 물 한 냄비와 온도계 두 개를 가지고 잠열潛熱을 발견했으며, 뉴턴이 빛의 구조와 빛깔의 원인을 발견하는 데 쓴 도구는 프리즘 하나, 렌즈 하나, 그리고 판지 한 장뿐이었다.

어느 고명한 외국인 학자가 울라스턴 박사를 방문하여 수많은 발견이 이루어진 박사의 실험 연구실을 보여 달라고 간청한 일이 있었다. 박사는 그를 조그마한 서재로 안내하더니 책상 위에 있는 낡은 쟁반을 가리키며, "내가 가지고 있는 실험 연구실이란 이게 다입니다." 하고 말했다. 쟁반 안에 있는 물건이라고는 몇 개의 시계 유리 뚜껑, 약간의 시험지, 조그마한 저울 하나, 그리고 취관吹管 하나뿐이었다.

윌키는 화필과 캔버스가 없어 불에 타다 남은 막대기와 헛간 문을 대신 이용했다. 베윅은 고향 마을의 조그만 집 벽에다 그림 연습을 시작했다. 그래서 벽이 온통 그림으로 가득 차 있었다. 그리고 벤자민 웨스트가 그림 공부에 최초로 사용한 붓은 고양이 꼬리로 만든 것이었다.

퍼거슨은 밤에 담요를 덮고 드러누워 자기 눈과 별 사이를 어림하면서 끝에 구슬을 단 실로 천체도를 그렸다. 프랭클린은 십자로 얽은 막대기와 손수건 한 장으로 연을 만들어, 뇌운雷雲에서 번개 치는 이치를 깨달았다.

와트는 해부하는 사람들이 해부하기 전에 동맥에 주사할 때 쓰는 주사관을 모방하여 최초의 축밀 증기 기관 모형을 만들었으며, 기퍼드는 구두 수리공의 도제 노릇을 할 때 조그마한 가죽 조각을 두들겨 판판하게 만들고 그 위에다 수학 문제를 풀었다. 천문학자 리튼하우스도 처음에는 쟁기 손잡이 위에 일월식 계산을 했다.

▶ 우연한 기회를 놓치지 말라

아무것도 아닌 보통 일이라도, 자신에게 필요한 일이란 점을 포착하고 이용할 수 있다면 행운을 잡고 성공하는 기회가 될 수 있다.

험프리 데이비 경의 과학 후계자인 패러디 교수는, 아직 제본공으로 일하고 있었을 때에 헌 병을 이용하여 첫 번째 전기 실험을 했다. 험프리 데이비 경이 왕실 학사회에서 화학 강의를 하는 것을 듣고 패러디가 화학 연구에 관심을 가지게 된 것은 하나의 우연이라 할 수 있다.

학사회원인 어떤 신사가 어느 날 패러디가 제본 일을 하고 있는 제본소를 찾아와, 자기가 제본할 백과사전의 '전기' 항목을 열심히 읽고 있는 패러디를 보게 되었다. 신사는 몇 가지 질문을 한 후, 이 젊은 제본공이 그 분야에 호기심이 있는 것을 알고는 학사회에 나와 강의를 들을 수 있게 해 주었다. 그리하여 패러디는 학사회에 나가 네 번에 걸쳐 험프리 경의 강의를 들었다.

그는 강의 내용을 자세히 받아 써서 강사에게 보여 주었다. 험프리 경은 그가 필기 내용이 매우 정확한 것을 보고 놀랐고, 이 청년이 한낱 제본공이라는 이야기를 듣고 또 한 번 놀랐다.

이어 패러디는 화학 연구에 헌신하고 싶다는 의사를 밝혔다.

험프리 경은 처음에는 그만두라고 권했지만 젊은이의 간청이 너무나도 끈질겨서 마침내 학사회의 조수로 일하게 해 주었다.

프랑스의 위대한 박물학자 퀴비에는 남달리 정확하고 주의 깊고 성실한 관찰자였다. 그는 어린 시절에 우연히 뷔퐁의 저서를 보고 박물학에 관심을 가지게 되었다. 그리고 그 즉시 책에 있는 그림을 모사하고 그대로 빛깔을 칠해 보았다.

그가 학교에 다니고 있을 때 한 선생님이 그에게 리니어스의 〈자연 체계〉라는 책을 준 일이 있었는데, 이후 10여 년 동안 그의 공부방에 꽂힌 책이라고는 오직 이 책 한 권뿐이었다.

열여덟 살 때 그는 노르망디의 페캄프 근처에 있는 어느 집에 가정 교사로 들어가게 되었다. 이 집이 바다에 가까웠기 때문에 그는 바다 생물의 경이를 가까이 볼 수 있었다. 어느 날 해변을 걷다가 모래 위에서 오도가도 못하는 뼈오징어를 보았다. 이 이상한 생물에 호기심이 생긴 그는 이것을 집으로 가져가 해부해 보았다. 그리하여 그는 연체 동물의 연구를 하게 되었고, 마침내는 이 방면에서 탁월한 명성을 얻었다.

그에게는 눈앞에 펼쳐져 있는 자연 외에는 참고할 서적도 없었다. 매일매일 눈앞에 전개되는 새롭고도 흥미 있는 재료가 책이나 그림보다 훨씬 더 깊은 인상을 준 것이다.

이렇게 3년이 지나는 동안, 그는 바다 동물의 살아 있는 종류를 근처에서 발견된 화석과 비교하고, 우연히 발견한 바다 생물의 표본을 세밀히 조사하고 주의 깊게 관찰하여 동물 세계의 분류를 완전히 혁신하는 길을 터 놓았다.

이때쯤 퀴비에는 유명한 학자 압베 테이시에에게 그의 연구 원고를 박물학 협회에 보내 달라는 위촉을 받게 되었다. 그리고 얼마 안 있어 식물원의 부원장으로 임명되었다. 테이시에가 주시외에게 이 젊은 박물학자를 소개한 서신 가운데 다음과 같은 말이 있다.

"내가 전에 다른 과학 분야를 연구하는 델랑브르유명한 천문학자를 학사 회원으로 추천한 일을 기억하고 있을 것일세. 이 청년도 델랑브르 같은 대가가 될 것을 의심치 않네."

테이시에의 예언이 적중한 것은 말할 필요도 없다.

▶ 꾸준히 노력할 때 행운을 잡을 수 있다

사람이 성공하는 길을 돕는 것은 우연이라기보다 확고한 목적 의
식과 꾸준한 노력이다. 허약하고 게으르고 아무 목적도 없는 사
람에겐 가장 행복한 우연도 전혀 행운이 되지 못한다. 이런 사람
들은 그 속에 들어 있는 의미를 보지 못하고 그대로 지나쳐 버리
는 것이다. 그러나 항상 자신이 원하는 것을 위해 열심히 노력하
고 있다면 우연히 찾아오는 기회를 재빨리 잡아 놀랄 만한 업적
을 이룰 수 있다.

　매일의 생활 속에서 무익하게 보내는 한 시간만 올바르게 이용
한다면, 평범한 능력을 가진 사람도 한 분야의 과학을 숙달할 수
있고, 무식한 사람도 10년 안에 학식 있는 사람이 될 것이다. 무
엇이든 알 만한 가치가 있는 것을 배우고, 훌륭한 습관을 기르는
데 힘써야지 허송 생활을 해서는 안 된다.

　메이슨 굿 박사는 환자의 왕진을 다니는 동안 런던 거리를 달
리는 마차 속에서 루크레티우스로마의 시인이며 철학자의 시집을 번역
했다. 다윈 박사도 이륜 마차를 타고 시골의 이 집 저 집을 다니
는 동안 생각을 구상하여 조그마한 종이 쪽지에 적어 두었다가
후일 저서에 사용했다. 그의 저서의 태반이 이렇게 해서 이루어

진 것이다.

헤일은 순회 재판으로 여기저기를 순회하는 동안에 그의 명저 〈사색록〉을 썼으며, 버니 박사는 음악 교수를 위해 말을 타고 제자들의 집을 왕래하면서 프랑스어와 이탈리아어를 배웠다. 커크 화이트는 변호사 사무실을 왕래하면서 그리스어를 배웠다.

프랑스의 위대한 수상 가운데 한 사람인 다게소는 여가를 소중하게 이용하여 식사를 기다릴 때마다 원고를 써서 걸작을 완성하였다. 장리스 여사는 자기가 매일 지도하는 공주를 기다리는 시간을 이용하여 저서 몇 권을 냈다.

엘리휴 버리트는 자기가 성공의 길을 걷게 된 것은 자신에게 재능이 있어서가 아니고, 짜투리 시간을 소중히 이용한 때문이라고 했다. 대장장이로 일을 하여 생계를 유지하면서 그는 약 열여덟 개나 되는 고대어와 현대어, 그리고 스물두 종의 유럽 방언에 숙달했다.

▶ 시간을 잘 관리하는 사람이 성공한다

옥스퍼드 올 솔즈에 있는 시계에는 "시간은 소멸하는 것이나, 이를 선용하느냐 못 하느냐는 인간에게 달려 있다."라는 격언이 새겨져 있다. 이 말은 젊은이들에게 꼭 필요한 격언이다. 시간이란 인간이 소유하는 영원의 조그마한 단편에 지나지 않으며, 인간의 생명처럼 일단 가 버리면 다시 되찾을 수 없는 것이다.

재물은 한번 탕진하더라도 다시 근검 절약하여 지난날의 낭비를 회복할 수 있는 것이지만, 오늘 잃은 시간을 내일 되찾을 수 있는 사람은 없다. 멜란히톤은 자기가 낭비한 시간을 수첩에 적어 두었는데, 이렇게 자기를 독려하면서 단 한 시간이라도 헛되이 보내려 하지 않았다.

이탈리아의 어느 학자는, "누구나 이 안에 들어오는 사람은 나의 일을 도와주어야 합니다."라는 내용의 쪽지를 문 앞에 붙여 두었다. 신학자 백스터를 찾아온 사람들이 "선생님의 시간을 뺏을까 봐 걱정이 되네요."라고 말했더니, 이 솔직한 신학자는 "정말 방해가 되오."라고 대답했다.

위대한 업적을 이룬 사람들은 시간을 재산처럼 소중히 생각했다. 이 시간을 이용하여 풍요로운 사상과 사업을 창안하고 발전시켜서, 그 혜택을 후세 사람들에게 넘겨 준 것이다.

토머스 애디슨은 〈스펙테이터〉18세기 초기에 애디슨과 스틸이 발행한 잡지를 발행하기 존에 이미 책 세 권이 될 만한 원고가 준비되어 있었다. 뉴턴은 〈연대기〉를 쓸 때 열다섯 번이나 손질을 한 후 비로소 만족하였으며, 기번은 〈회고록〉을 아홉 번이나 고쳐 썼다. 흄은 〈영국사〉의 저술 준비를 위하여 매일 열세 시간씩 글을 썼다.

몽테스키외는 자기 원고의 일부를 친구에게 보이면서, "자네는 몇 시간에 그것을 읽어 낼 수 있겠지. 하지만 나는 그것을 쓰느라고 머리가 희어졌네."라고 말했다.

▶ 작은 것도 놓치지 말고 기록하라

생각이 깊고 연구심이 많은 사람들은 머리에 떠오른 생각이 희미한 망각의 세계로 사라지기 전에 꼭 잡아 두기 위하여 그것을 꼭 적어 두는 습관이 있었다.

베이컨 경은 '후고後考를 위하여 적어 둔 그때 그때의 생각'이라는 제목의 원고를 많이 남겼다. 어스킨은 버크의 저서에서 도움이 될 만한 것을 많이 적어 놓았고, 엘던은 쿡이 주해한 리틀턴의 법률 책을 두 번이나 베껴 써서 마치 자기 몸의 일부인 것처럼 이 책을 숙달하였다.

파이 스미스 박사는 아버지를 도와 제본 일을 하면서, 자기가 읽은 모든 책 중에서 필요한 것은 발췌하고 때로 비평도 가하며 비고란에 적어 두었다. 이와 같이 일평생 자료를 모은 것이 그의 대단한 점이었다.

그의 전기를 쓴 사람은 "그는 항상 일하고 놀 때가 없었으며, 언제나 무엇인가를 수집했다."고 칭찬했다. 그가 부지런히 모았던 자료는 나중에 리히터의 〈퀴리즈〉처럼 유용한 것이 되었는데, 이 책은 바로 스미스 박사 자신이 많은 예증을 얻은 학문의 보고라 할 수 있는 책이다.

유명한 존 헌터도 이처럼 기록하는 습관이 있었다. 이렇게 해서 그는 기억력의 부족을 보충한 것이다. 생각을 적어 두는 습관의 이점을 그는 입버릇처럼 이렇게 말했다.

"그것은 마치 상인이 물건의 출고와 입고를 적어 두는 것과 같다. 이렇게 하지 않으면 무엇을 가지고 있는지 무엇이 부족한지 모를 것이다."

▪ 생각만 하지 말고 실천에 옮기라

제너 박사는 천연두 예방법으로 우두牛痘를 발견하여 이를 세상에 널리 알린 사람이다. 그러나 이렇게 되기까지 그가 겪은 고생은 이만저만이 아니었다. 제너 이전의 많은 사람들이 우두를 발견했고, 한 번 이 병에 걸리면 천연두를 앓지 않게 된다는 이야기도 전해듣고 있었다.

그러나 사람들은 모두 이것이 항간에 떠도는 대수롭지 않은 소문이라 여겨 별로 주의를 기울이지 않았다. 하지만 제너는 이 이야기에 관심을 갖게 되었다. 그가 일찍이 젊은 학도로 소드버리에서 공부를 하고 있을 때, 어느 시골 처녀가 주인과 이야기하는 것을 우연히 듣게 되었다. 소녀가 천연두에 대해서 이렇게 말하는 것이었다. "저는 이제 그 병에는 안 걸려요. 전에 한 번 천연두를 앓은 적이 있으니까요."

제너는 이 말에 많은 관심을 기울이고, 이때부터 천연두 문제에 관하여 연구 관찰을 시작했다. 그리고 동료 의사에게 우두의 예방 효과에 관해서 말을 했더니, 그 친구는 비웃으며 계속 그 따위 이야기로 자기네를 난처하게 하면 협회에서 축출하겠노라고 위협까지 하였다.

제너는 런던으로 가, 일찍이 자신의 견해를 알린 바 있는 존 헌터 밑에서 공부하게 되었다. 이 위대한 해부학자의 충고는 참으로 독특하였다. "생각만 하지 말고 시도해 보게. 참아야 하네. 그리고 정확해야 하네."

제너는 이 충고에서 학문 연구의 참다운 길을 터득하고 더욱 용기를 내었다. 이어 고향으로 돌아가 개업을 하면서 20년 동안이나 관찰과 실험을 계속 했다. 우두 발견에 대한 그의 신념은 확고한 것이어서, 사랑하는 자기 아들에게 세 번이나 우두를 놓아 보았다.

이윽고 그는 약 70페이지쯤 되는 조그마한 4절판 크기의 책을 내어 거기에 자기의 견해를 밝히고, 23명을 상대로 실시한 우두 접종의 성공 실례를 발표하였다. 이렇게 우두를 놓으면 후에 전염이든 접종이든 무슨 일이 있어도 천연두에 걸리지 않는다는 것이다. 이 논문이 발표된 것은 1798년이었지만, 이 생각을 품은 것은 이미 오래 전인 1775년이었으며, 이때 벌써 확고한 이론이 서 있었던 것이다.

이 발견에 대한 사회의 반응은 어떠했을까? 처음에는 무관심으로, 그리고 차츰 적극적인 적대 행위로 나타났다. 제너는 런던으로 가서 우두의 접종 방법과 그 결과에 관한 보고를 학회에 제출했다. 그러나 단 한 사람의 의사도 이것을 시도해 보려 하지 않았다.

그는 아무 보람도 없이 거의 석 달을 기다리다 고향으로 돌아갔다. 사람들은 그가 암소의 젖통에서 꺼낸 병든 물질을 인체에 주입하여 사람을 짐승처럼 만들려 한다고 비난했다. 목사들은 교단에 서서 우두 접종은 악마와 같은 극악무도한 것이라고 설교했다. 우두를 맞은 아이들은 얼굴이 암소처럼 되고, 종기가 뿔같이 불쑥 솟아나고, 얼굴 모양이 차츰 암소 모양으로 되고, 목소리도 황소의 울부짖음처럼 변한다고 떠들었다.

그러나 우두 접종은 진리였으므로, 이와 같이 난폭한 반대에도 불구하고 그에 대한 믿음은 천천히 퍼져 나가게 되었다. 그를 믿고 우두를 맞은 사람들은 마을 사람들에게 심한 욕을 먹고 밖에 나오지 못하도록 집 안에 갇힌 일도 있었다.

다행히 듀시 부인과 바클리 백작 부인 같은 분들이 용감하게 자기 아이들에게 우두를 맞게 하자 당시 사람들의 편견이 점차

타파되었고, 의학계에서도 차츰 그 가치를 인정하게 되었다. 이와 같이 그 중요성을 인정받게 되자 제너 박사의 공적을 표절하려는 의사도 등장했다.

마침내 제너의 주장은 인정을 받았고, 모든 사람이 그를 존경하게 되었다. 이와 같이 명성을 얻었지만, 그는 지난날의 불우할 때와 다름없이 겸손하기만 했다. 개업의로 높은 수입을 보증할 테니 런던으로 와서 자리를 잡으라는 초청을 받았으나, 그는 다음과 같이 말하며 거절했다.

"안 가겠소. 내 일찍이 인생의 그늘지고 미천한 길을 걸으려 했거늘, 이제 석양에 임하여 무엇 때문에 명성과 이득을 원하겠소."

▶ 확신이 있다면 될 때까지 참고 기다리라

찰스 벨 경이 신경 계통에 관한 발견을 하는 과정에서도 제너에 못지않은 참을성과 과감한 결단이 필요했다. 찰스 벨 경 이전에는 신경 기능에 관한 생각이 정리되어 있지 않아 학설이 분분했으며, 3,000년 전의 데모크리투스와 아낙사고라스 시대보다 별로 진보된 것이 없었다.

1821년부터 이에 관한 논문을 발표하기 시작한 찰스 벨 경은, 해를 거듭할수록 세심하고 정확하고 여러 번 반복한 실험을 기초로 이 문제에 관해 매우 독창적인 견해를 발표하였다. 하등 동물에서 만물의 영장인 사람에 이르기까지 신경 계통의 발달을 상세히 연구하여, 그의 표현대로 "마치 모국어로 씌어진 것처럼 분명히" 그 내용을 설명한 것이다.

그의 이론은 척추 신경에는 두 가지 기능이 있으며, 의지가 그중 한 뿌리에서 나오고, 감정은 다른 뿌리에서 나온다는 내용이었다. 찰스 벨 경은 이 이론을 40년 동안이나 연구 검토하고 그 최종 보고서를 작성하여, 1840년에 이를 왕실 학술원에 제출했다.

처음에는 그도 제너의 경우처럼, 조소와 반대를 받았으나 차츰 그 진리를 인정받게 되었다. 그러자 국내외에서 자기가 벨보다 먼저 이 진리를 발견했다고 나서는 사람이 속출하였다. 제너의 경우와 같이, 그도 자기의 발견을 보고서로 발표했기 때문에 발견의 공적을 잃을 뻔했던 것이다. 그는 이때의 상황을 교훈 삼아, 새로운 발견이 있을 적마다 발견자로서의 성과를 지키기 위해 더 고심하지 않을 수 없었다고 했다.

그런 찰스 벨 경의 위대한 공적은 마침내 전폭적인 인정을 받게 되었다. 그리고 퀴비에는 자기의 임종 때 안면이 한쪽으로 비틀어지고 몰리는 것을 가리키며, 이것이 찰스 벨 경의 학설이 옳은 증거라고 지적하였다.

신경 계통에 관하여 이에 못지않게 공헌한 사람으로 마셜 홀 박사가 있다. 그는 일생을 사는 동안 세밀하고도 주의 깊은 관찰을 계속했으며, 겉으로 보기에 아무리 사소한 사실이라도 그대로 넘겨 버리는 일이 없었다. 그는 신경병의 근원이 지체肢體에 있음을 발견하였다.

그런데 이런 중요한 발견이 극히 평범한 일에서 이루어진 것이다. 어느 날 소라 고동의 폐 혈액 순환을 연구하던 중, 그 머리를 잘라 책상에 놓고 꼬리를 자르려고 하다 우연히 외피를 찌르니,

이것이 힘차게 움직이면서 여러 가지 형태로 꿈틀거리는 것이었다. 근육과 근육 신경을 전혀 건드리지 않았는데, 어째서 이렇게 움직이는 것일까?

이와 같은 현상은 이미 많은 사람들이 관찰한 것이었으나, 그 원인을 끈기 있게 파고 든 사람은 홀 박사가 처음이었다. 이때 그는 외쳤다. "이 원인을 분명히 알아낼 때까지 결코 중단치 않으리라!"

이후 계속 이 문제에 주의를 기울여, 이에 관한 실험과 화학적 연구에 바친 시간이 2만 5,000시간은 되었을 것이다. 한편 그는 바쁜 개업 의사 생활을 하면서 세인트 토머스 병원과 몇몇 의과 대학에서 강의까지 담당하고 있었다.

믿을 수 없는 이야기지만, 이렇게 애써 작성한 그의 보고서가 왕실 학술원에서 줄곧 거절을 당하다가 17년 후에야 수리되었다.

제4장

재능보다는 노력으로 승부하라

▶ 타고난 재능보다는 성실로 실력을 쌓으라

어느 일에서나 마찬가지로 예술 분야에서도 성실한 노력에 의해서만 탁월한 재능을 발휘할 수 있다. 훌륭한 그림을 그린다든가 뛰어난 조각을 완성한다든가 하는 일은 결코 우연하게 생기는 것이 아니다. 예술가의 능숙한 화필과 조각 솜씨는, 비록 타고난 재능을 지니고 있다 하더라도, 실은 끊임없는 노력의 결과인 것이다.

조슈아 레이놀즈 경은 성실한 노력의 힘을 확신하여, "예술가의 재능은 천부적으로 타고나는 것이다. 하지만 성실하게 노력하여도 훌륭한 작품을 만들 수 있다."고 주장했다.

배리에게 보낸 편지에서 그는 이와 같이 말했다. "그림이든 다른 어떤 예술이든, 그에 정통하기를 원하는 사람은 아침에 일어나서 잠자리에 들 때까지 오직 그 한 가지 일에만 정신을 쏟아야 한다."

또 이렇게 말 한 일도 있다. "자기 분야에서 성공하기를 결심한 사람은 마음에 있든 없든 또는 아침이든 밤이든 언제나 그 일에 마음을 써야 하며, 그것이 말처럼 쉬운 것이 아니고 매우 힘드는 일임을 알아야 한다."

물론 성실한 노력이 예술 분야에서 대성하는 데 절대적으로 필요한 것이기는 하되, 타고난 재능이 없다면 아무리 노력을 기울여도 예술가가 될 수 없다는 것도 또한 사실이다. 그러나 재능은 타고나는 것이지만 자기 수양에 의해서 완성되는 것이며, 자기 수양이야말로 학교에서 얻는 어떤 교육보다 더 효과가 있는 것이다.

위대한 예술가들 중에는 가난이나 기타 많은 장애를 무릅쓰고 분투하여 자기의 진로를 개척한 사람들이 적지 않다. 몇 가지 예가 떠오를 것이다. 산적의 한패였던 살바토르 로자, 농부의 머슴살이를 하던 지오토, 유랑 생활을 하던 진가로, 집에서 내쫓겨 거지 노릇을 하던 카베노네, 석공 카노바. 이러한 사람들과 그 외 유명한 예술가들이 최악의 환경 속에서 말할 수 없이 힘든 노력과 고생 끝에 그 명성을 떨치게 된 것이다.

이 사람들이 유명해진 것은 운이 좋았거나 우연이 아니라, 오직 성실하게 열심히 공부해서 그렇게 된 것이다. 그 중엔 성공하여 재산을 모은 사람도 있다. 그러나 그런 사람이라도 재산을 모으려는 것이 결코 그들의 주요 동기는 아니었다. 사실 금전을 탐내서야 어찌 일찍부터 극기하며 일에 전념하고 노력할 수 있겠는가. 그들에게는 일하는 즐거움이 최고의 보수였으며, 금전은 다만 그에 따르는 것에 지나지 않았다.

　많은 고상한 예술가들은 작품 매매 조건으로 사람들과 다투는 법이 없었고, 오직 자신들의 작품이 인정받기를 원했다. 스파그놀레토그리스의 철학자는 사치로운 생활을 할 수 있는 재물을 얻었지만, 이 모든 것을 물리치고 스스로 가난하고 열심히 일하는 생활로 돌아갔다.

　어느 화가가 돈을 벌고자 몹시 애를 쓰며 그림을 그린다는 이야기를 듣고, 미켈란젤로는 다음과 같이 말했다. "그가 그토록 금전을 탐내는 한, 계속 가난을 면치 못할 것이오."

▶ 쉬지 말고 끊임없이 배우고 노력하라

조슈아 레이놀즈처럼 미켈란젤로도 노력의 힘을 신봉하였다. 손이 오직 마음의 명령만 듣는다면, 자기가 상상 속에 그린 것을 대리석에 옮겨 새길 수 없는 것이 없다고 주장했다.

그는 누구보다도 열심히 노력했던 사람이다. 그는 같은 시대의 어느 누구보다도 자신이 더 많은 시간을 노력할 수 있었던 것은 검소한 생활 습관 덕이라고 했다.

온종일 일을 하는 동안에 약간의 빵과 포도주만 있으면 족했고, 밤중에 다시 일어나 일을 계속하는 것이 보통이었다. 이럴 때면 자기가 쓰고 있는 두꺼운 종이 모자 위에 촛불을 얹어 놓고, 이 불빛을 이용하여 조각을 하곤 했다.

때로는 너무 피곤해서 옷도 벗지 못하고 잠자리에 들었으며, 일어나자마자 자고 난 후의 상쾌한 기분으로 즉각 일을 시작했다. 그는 마차를 타고 있는 노인의 상을 만들어, 그 위에 "Ancora imparo"라는 글을 새긴 모래시계를 올려놓고 좋아했는데, 이 말은 "나는 아직도 배우는 중이다"라는 뜻이다.

위대한 예술 작품이 세상에 나오기까지 얼마나 고생스러운 노력과 오랜 노력이 있었는가를 생각하는 사람은 거의 없다. 그러한 대작이 쉽게 금방 완성된 듯 보이지만, 그러한 경지에 다다르기까지는 이루 말할 수 없는 난관이 있는 것이다.

"겨우 열흘 걸려 만든 흉상 값을 50시컨스옛날 베네치아의 금화나 부르시는군." 하고 베네치아의 귀족이 조각가에게 말하자, 이 예술가는 다음과 같이 대답했다.

"내가 이 작품을 열흘 동안에 완성할 수 있게 되기까지는 30년간의 공부가 있었던 것을 모르시는군요."

부탁받은 그림을 그리는 데 너무 시간이 걸린다고 좋지 않은 말을 들었을 때, 도메니키노는 이와 같이 대답했다. "잠시도 쉬지 않고 내 마음속에서 그리고 있소.."

오거스터스 콜컷 경이 그의 유명한 〈로체스터〉를 그리기 위하여 별도로 40장이나 되는 스케치를 했다는 사실 속에서, 우리는 한 장의 그림이 탄생하기 위해서 얼마나 많은 노력이 필요했는지를 알 수 있다.

인생 그 자체에서도 그렇거니와, 예술에서 성공하는 데에도 이와 같이 꾸준한 반복이 그 중요 조건의 하나인 것이다.

제아무리 천재적 재능을 지닌 예술가라 하더라도 훌륭한 걸작을

▶ 노력의 결과로 얻는 것이야말로 진짜이다

만들어 내려면 지속적인 노력이 필요하다.

웨스트는 겨우 일곱 살이었을 때, 큰누나의 아기가 잠자고 있는 모습이 어찌나 아름다웠던지, 요람 옆에서 이 모습을 지켜보고 있다가 참지 못하고 급히 달려가 종이를 가져와서 검붉은 잉크로 그 모습을 그린 일이 있었다. 이 일을 통해서도 알 수 있듯이 그는 타고난 예술가였던 것이다.

그러나 그는 천부적인 재능 때문에 너무 일찍 성공했고, 그 때문에 오래도록 명성을 얻는 대가는 되지 못하였다. 비록 그의 명성은 대단했지만 노력과 시련을 거쳐 얻은 것이 아니었기 때문에 오래 가지 못했던 것이다.

클로드 로렌의 명성은 그 절반이 그의 성실성에서 비롯된 것이다. 로렌의 샹파뉴에서 가난한 부모 사이에서 태어난 그는, 처음에는 과자집에 도제로 들어갔다. 그러다가 목각 일을 하는 형의 가게에서 목각 일을 배웠다. 여기서 뛰어난 솜씨를 보여 주자, 어떤 행상인이 클로드를 자기와 함께 이탈리아로 가게 해 달라고 형을 설득하였다.

형의 동의를 얻어 클로드는 로마로 가게 되었고, 이곳에 얼마

있다가 풍경화가 아고스티노 타시에게 고용되어 이 집의 하인 노릇을 했다. 하인으로 일하면서 클로드는 풍경화를 배워, 얼마 안 가서 스스로 그림을 그리기 시작했다.

이어 이탈리아, 프랑스, 독일을 두루 돌아다니며, 도중에 돈이 떨어지면 길에서 풍경화를 그려 빈 주머니를 다시 채웠다. 다시 로마로 돌아왔을 때에는 그의 작품을 찾는 사람이 점점 더 많아졌고, 그의 명성은 마침내 온 유럽에 퍼졌다.

그러나 그는 쉬지 않고 자연을 자세히 관찰하며 연구했다. 시간의 대부분을 가옥과 땅, 그리고 나무와 잎 등등을 세밀히 묘사하는 데 보내고, 이것을 정밀하게 완성하여 자연 연구의 자료로서 보관해 두었다. 그는 또한 하늘의 변화에도 세심한 주의를 기울여 관찰하였다. 아침부터 밤까지 온종일 하늘을 지켜보고, 뭉게구름과 명암에 따라 온갖 빛깔로 달라지는 하늘의 모습을 주의해 보았다. 이렇게 꾸준히 노력한 결과, 그는 자연을 볼 줄 아는 안목과 이것을 묘사할 수 있는 재주를 길러 마침내는 일류 풍경화가가 된 것이다.

▶ 항상 최선을 다하며 한 걸음씩 나아가라

'영국의 클로드'라고 불리는 터너도 역시 성실하게 노력하며 생애를 보냈다. 이발업을 하고 있는 아버지가 자신과 같이 이발업을 하기를 원하여 터너도 런던에서 이발 일을 하고 있었다. 어느 날 터너가 은 쟁반 위에 가문家紋을 그린 것을 어떤 손님이 보고, 이런 소년은 재능을 살려 그림을 그리게 하라고 충고해 주었다.

이 덕분에 아버지는 그에게 그림을 그리는 일을 직업으로 삼아도 좋다고 허락했다. 모든 젊은 미술가가 그렇듯 터너도 많은 어려움을 겪었는데, 집안 형편이 궁핍한 까닭에 그 곤란은 더욱더 심했다. 그러나 그는 항상 의욕적으로 그림 공부를 했으며, 아무리 작은 일이라도 수고를 아끼지 않았다.

아무리 적은 보수라도 저녁 식사만 주면, 남의 그림에 인도 잉크로 하늘빛을 칠해 주는 일도 마다하지 않았다. 그는 이런 식으로 돈도 벌고 경험도 쌓았다. 또한 안내서, 역서曆書, 그리고 값싼 속표지 등 그림이 필요한 어떤 책에나 삽화를 그려 주기도 했다.

후일 그는 이렇게 말했다. "그보다 더 좋은 방법이 또 뭐가 있었을까? 사실 그것은 최고의 연습 기회였다."

그는 보수가 적다는 불평도 없이, 정성을 다해 양심적으로 모든 일을 했다. 생계를 걱정하면서도 그림 공부에 항상 최선을 다했고, 어떤 작품이든 한 걸음의 진보가 있기 전에 손을 떼는 법이 없었다. 이와 같이 노력한 결과 그의 실력과 정신 세계가 크게 성장할 수 있었다.

▶ 극기심을 기르라

존 플랙스먼은 컨벤트 가든의 뉴스트리트에서 석고상 상점을 운영하던 사람의 아들이었다. 어린 시절의 그는 너무나도 병약해서, 아버지 상점의 계산대 뒤에 베개를 대고 앉아 그림을 그리거나 독서를 하며 놀았다.

어느 날 인자한 목사 매듀스가 이 가게를 찾아와 소년이 책을 읽고 있는 것을 보고 무슨 책인가 하고 알아보니, 코르넬리우스 네포가 지은 책으로 소년의 아버지가 서점에서 몇 푼의 돈을 주고 사 온 것이었다. 목사는 소년과 몇 마디 이야기를 주고받은 뒤, 이 책이 "네가 읽기엔 부적당하니 내가 다른 책을 갖다 주마" 하고 말했다.

다음 날 그가 호머의 시집과 〈돈키호테〉의 번역서를 가지고 왔고, 소년은 이 두 책을 탐독했다. 더욱이 호머의 시 전체에 흐르는 영웅 정신에 곧 감동되어 상점 선반 위에 널려 있는 에이잭스와 아킬레스두 사람 모두 호머의 작품에 나오는 그리스 용사의 상을 다시 바라보면서, 이 장엄한 영웅들의 모습을 시적인 형태로 구상하여 재현해 보고 싶은 욕망에 사로잡히게 되었다.

젊은 사람들의 노력이 모두 그렇듯, 그가 처음으로 그린 그림은 미숙했다. 어느 날 그의 아버지가 자랑스럽게 아들의 그림 몇 점을 조각가 루비라크에게 보였다. 그랬더니 이 조각가는 경멸조로 혀를 차면서 그대로 돌아서는 것이었다.

　그러나 이 소년에게는 좋은 소질과 성실한 노력과 인내심이 있어, 꾸준히 책을 보고 그림을 그려 나갔다. 그리고 석고와 밀랍과 진흙으로 조각상 모형을 만들며 자기의 역량을 시도해 보았다. 이 초기 작품이 아직도 보존되어 있는데, 그것은 작품으로서의 가치 때문이 아니라 참을성 있는 천재가 초년에 보여 준 건전한 노력의 상징이기 때문이다.

▪ 노력의 결과에 자신감을 가지라

데이비드 윌키의 생애도 정직과 꾸준한 노력으로 일관되어 있는 것이 특징이다. 스코틀랜드의 어느 목사의 아들이었던 그는 어린 시절부터 미술에 대한 소질을 보여 주었다. 학교 공부에는 게으르고 무능한 편이었으나, 사람의 얼굴과 자태를 그리는 일에는 무척 열심이었다.

조용한 이 소년은 어릴 때 이미 일에 집중하는 힘을 보여 주었다. 그는 항상 그림 그릴 기회를 찾았다. 목사관의 담이나 해변의 부드러운 모래는 다 같이 그에게 좋은 화판 구실을 했다. 또한 어떤 도구로도 그림을 그렸다. 지오토13세기 이탈리아의 화가 겸 건축가처럼 타다 만 막대기를 화필로 쓰고, 매끈한 돌이면 무엇이나 화판으로 사용하였으며, 거리에서 만나는 모든 남루한 탁발 수도승이 그림의 모델이 되었다.

어느 집을 방문하면 자기가 왔다 갔다는 표시로 그 집 담에다 흔적을 남기는 버릇이 있어, 부인들 중에는 때로 싫어하는 사람들도 있었다. 또한 목사인 그의 아버지는 미술을 죄악의 업이라고 좋아하지 않았지만, 윌키의 강한 욕망은 이에 꺾이지 않았다. 그는 험난한 예술의 비탈길을 남자답게 전진하여 마침내 미술가가 되었다.

그는 에든버러에 있는 스코틀랜드 예술원에 입학 신청서를 냈다. 처음에는 출품한 작품이 거칠고 정확하지 못하다 하여 거절당했지만, 열심히 노력해서 보다 나은 작품을 낸 결과 수락되었다.

그러나 그는 두각을 나타내는 데 시간이 많이 걸렸다. 하지만 성공을 확신하고 굳은 결의로 인물화에 전념했다. 천재라고 자처하는 많은 젊은이들이 이상한 것을 추구하고 기분에 따라 화실 생활을 하는 것과는 달리, 그는 오직 꾸준히 노력하였던 것이다.

후일 그는 자기가 성공한 것은 타고난 남다른 재능 때문이 아니라 끈기 있게 공부한 덕이라고 말하곤 했다. "내 실력이 향상된 데는 단 한 가지 요인이 있었다. 그것은 바로 참고 노력한 것이었다."

그는 에든버러에서 몇 가지 상을 탄 후, 보수가 많고 확실한 인물화에만 전념할까 생각했으나, 차츰 그의 명성을 올려 준 다른 분야로 대담하게 방향을 돌려 작품 〈피틀리시 페어〉를 만들어 냈다. 또한 더욱 대담하게, 연구와 대작을 만들 기회가 더 많은 런던으로 갈 결심을 하였다.

결국 이 가난한 스코틀랜드의 청년은 런던의 값싼 하숙집에서 살면서, 그의 위대한 작품 〈마을의 정치가들〉을 그린 것이다.

▶ 노력하라! 노력하라! 더욱 열심히 노력하라!

그가 그린 〈마을의 정치가들〉이 성공하자 계속 그림청탁이 들어왔지만, 윌키는 오랫동안 가난을 면치 못했다. 그 까닭은 그림 한장에 매우 많은 시간과 노력을 기울였기 때문이다. 그래서 그는 여러 해 동안 적은 수입으로 살아야 했다.

무슨 그림이든 그림을 그리게 되면, 언제나 미리 주의 깊은 연구를 하고 치밀한 준비를 했으며, 어느 것이나 일시적인 기분으로 단번에 그리는 법이 없었다. 그의 작품은 모두가 여러 해가 걸린 것이며, 손질하고 또 손질하여 최상의 상태가 된 후에야 세상에 내놓았다.

레이놀즈처럼 그의 좌우명도 '부지런히 노력하라!'였으며, 역시 레이놀즈처럼 말 많은 예술가들을 좋아하지 않았다. 말 많은 사람은 씨를 뿌리기는 하겠지만, 열매를 거두어들이는 법이 없는 자들인 것이다. "자, 좀더 노력합시다." 하며, 그는 말 많고 게으른 사람들을 완곡히 나무랐다.

한번은 그의 친구 컨스터블에게, 자기가 스코틀랜드 예술원에 다닐 때 교수 그레이엄이 레이놀즈의 말을 빌려 늘 다음과 같은 주의를 주었노라고 말했다.

"천부적인 재능이 있다면 노력으로 그 재능은 더욱 향상될 것이고, 만일 재능이 없다면 노력이 그 역할을 해 줄 것이라고 하셨지. 그래서 나는 누구보다도 열심히 노력하기로 결심했어. 내가 천부적인 재능을 타고나지 못했다는 것을 알고 있으니까."

ᎨᏳ 노력하는 사람에게는 장벽이 없다

많은 예술가들은 성공을 거두기 전에 용기와 인내를 시험당하는 심한 고난에 부딪혀야 했다. 이 시련을 이기지 못하고 굴복한 자들이 얼마나 많았던가!

마틴은 일생을 사는 동안에, 보통 사람들의 생애에서는 정말로 찾아보기 힘든 곤란을 겪었다. 최초의 대작을 제작하던 중 그는 여러 번 아사 직전의 지경에 이르렀다. 할 수 없이, 남다르게 윤이 나고 반짝이는 까닭에 그동안 절대 쓰지 않고 간직해 왔던 1실링의 돈마저 빵과 바꾸지 않으면 안 되었다.

빵집에 가서 빵 한 덩어리를 사 가지고 막 돌아서려고 할 때, 빵집 주인이 빵을 도로 빼앗더니 그 돈을 이 굶주리고 있는 화가에게 던졌다. 그 돈은 가짜 돈이었던 것이다.

하숙집으로 돌아온 그는 방 안을 뒤져 겨우 빵 부스러기를 찾아 배고픔을 면했다. 그리고 승리를 향한 열정의 힘으로, 그는 계속 불굴의 정력을 쏟으며 그림 공부를 했다. 계속 노력하고 기다릴 용기가 그에게 있었던 것이다. 다행히 며칠 후에 그림을 전시할 기회가 생겨, 그는 이때부터 유명해지기 시작했다.

다른 많은 예술가들의 생애처럼 그의 생애도, 어떠한 환경 속에서도 좌절하지 않고 끊임없이 노력하면 반드시 원하는 것을 이룰 수 있고, 그것이 비록 늦을 수도 있지만 명성은 반드시 참으로 가치 있는 사람을 찾아온다는 것을 입증해 주고 있다. 이러한 노력의 중요성은 미술 분야뿐 아니라 음악에서도 마찬가지다.

헨델은 한 번 패배했다고 용기가 꺾이거나 하는 일 없이, 역경에 부딪치면 오히려 더 힘을 냈다. 빚을 갚지 못하고 궁핍에 빠져 있는 경우에도 결코 좌절하지 않고 잠시도 쉬지 않았으며, 1년 동안에 〈사울〉 〈이스라엘〉, 드라이든의 송시 〈오드〉의 악보, 〈웅대한 콘체르토 12곡〉 〈아르고스의 주피터〉 같은 가극 등을 만들었다.

그의 전기를 쓴 사람은 이와 같이 말하고 있다. "그는 모든 것을 굳게 참아 나갔다. 그리고 누구의 도움도 없이 열두 사람 몫의 일을 했다."

하이든은, "음악이란 어떤 제재를 잡아 그것을 끝까지 추구하는 것이다."라고 말했다. 또한 모차르트는 "열심히 일하는 것이 나의 가장 큰 기쁨이다."라고 말했다. 베토벤이 좋아하는 금언은 "대망을 지닌 재능과 성실한 노력 앞에는 '이제 그만이다. 더는 못 간다'라는 경계가 있을 수 없다."는 것이었다.

　모셸레스가 피아노곡 〈피델리오〉를 베토벤에게 제출했을 때, 그 곡 마지막 장 아래에 쓰인 "하느님의 도움으로 이 곡을 완성했노라!"라는 글을 보더니, 베토벤은 즉각 그 밑에 다음과 같은 말을 적어 넣었다.

　"그대여, 그대가 그대 자신을 도우라!" 이것이 바로 그의 예술 생활의 좌우명이었다.

제 5 장

불굴의 의지가 위대한 사람을 만든다

▶ 의지가 인격을 만든다

"나는 우상도 믿지 않고 악마도 믿지 않는다. 오직 나의 신체와 정신을 믿을 뿐이다." 고대 노르웨이 사람의 유명한 연설로, 튜튼 종족의 특성을 남김없이 잘 나타내 주고 있는 말이다.

"어떤 방법을 찾아내겠다. 찾아내지 못하면 그 방법을 새로 만들겠다."는 격언 역시, 그들 특유의 강인한 독립 정신을 잘 나타내고 있다.

스칸디나비아 신화의 특징은, 금처럼 찬란한 면이 있는 동시에 망치처럼 건실한 면이 있다. 사람의 성격이란 조그만 일에서도 알 수 있다. 예를 들어 망치를 휘두르는 모양을 보고서도 우리는 그 사람이 일에 얼마나 정력을 발휘하는 사람인지 짐작할 수 있다.

어떤 유명한 프랑스인은 그의 친구가 정착하려고 땅을 사려고 하자 그 지역 사람들의 특징에 대해 다음과 같이 말했다. "그곳 땅을 사려거든 좀 생각을 해야 하네. 나는 그 지방 사람들을 알고 있어. 우리 수의獸醫 학교에 다니는 그 지방 출신의 학생들이 있는데, 모두들 공부를 열심히 하지 않는단 말이야. 다시 말해서 그들에게는 정력이 없어. 그러니 자네가 그곳에 자본을 투자한다 해도 만족스러운 대가가 없을 것이 아니겠나."

이것은 참으로 생각 깊은 관찰자의 말로서 사람의 성격을 올바르게 평가한 것이다. 국가에 힘을 주고 또한 개발하고 있는 땅에 가치를 부여하는 것이 바로 개개인의 정력이라는 점을 특히 잘 나타내 주는 말이다. 프랑스의 격언에도 "토지의 수익은 경작자의 정력에 달려 있다."라는 말이 있다.

가치 있는 목적을 굳은 결의로 추구하는 것이 모든 성공의 기초이므로, 이 기질을 발전시키는 것이 무엇보다 중요하다. 정력은 힘든 고난을 견디고 전진할 수 있게 하며, 인생의 모든 단계를 차례로 밟아 상승의 길을 걷게 한다. 정력은 천재보다 더 많은 성공을 거둘 수 있게 하며, 그 앞에는 좌절도 위험도 없다.

어떤 일을 성공하는 데 필요한 것은 특출난 재능이라기보다 굳은 목적 의식이며, 일을 성취할 수 있는 능력뿐 아니라 정력적으로 참을성 있게 일하려는 의지가 필요한 것이다. 그러므로 우리는 의지의 힘이 인격의 핵심이라고 정의를 내릴 수 있으며, 한마디로 그것이 곧 그의 인간성이라고 할 수 있다.

정력은 모든 활동에 힘을 주고, 모든 노력에 정신력을 부여한다. 진정한 희망은 여기에 그 바탕을 두고 있으며, 희망이야말로 우리 인생에 참다운 향기를 준다.

　아베이 전투 때 부서진 어떤 투구에 '희망은 나의 힘이다.' 라는 격언이 적혀 있었는데, 이것은 모든 사람의 인생에 금언이 될 수 있을 것이다.

　"마음이 약한 자에게 고난이 있을 지어다." 라고 시락의 아들은 말한다. 강한 의지를 소유하는 것만큼 복된 일은 없다. 설령 어떤 사람의 노력이 실패로 돌아간다 해도, 그는 최선을 다했다는 생각에 만족을 느낄 것이다.

　어려운 생활 속에서도 인내로서 고생을 견디고 정직하게 승리를 거두는 사람, 발에서 피가 흐르고 사지가 말을 안 듣는 속에서도 여전히 용기를 잃지 않고 전진하는 사람을 보는 것보다 더 유쾌하고 아름다운 일은 없다.

▶ 강한 의지가 가능성을 현실로 만든다

휴 밀러는 자기가 올바른 교육을 받은 학교는 사회라고 했다. 사회에서 겪은 고생과 난관은 엄격하지만 고상한 스승이라고 말했다. 자신의 일에 전념하지 못하고 머뭇거리거나 어리석은 구실로 꾀를 부리는 사람은 반드시 실패하게 마련이다. 무슨 일이든 해야만 하는 일이라고 생각하고 추진해 나가면 곧 즐거운 마음으로 척척 해낼 수 있을 것이다.

스웨덴의 찰스 9세는 의지의 힘과 젊음을 굳게 믿었다. 힘든 공부를 하고 있는 막내아들 머리 위에 손을 올려놓고 그는 이와 같이 외쳤다. "왕자는 반드시 해내고 말 거야! 반드시 해내고 말 거야!"

일에 전념하는 습관도 다른 모든 습관처럼 몸에 배면 쉬워지는 법이다. 비교적 평범한 능력을 가진 사람들도 한 가지 일에 전념하기만 하면 많은 일을 이룰 수 있다.

포웰 벅스턴은 보통 정도의 재산에, 일에 전념하는 열정만 있으면 그것이 제일이라고 하면서 "여러분이 할 수 있는 무슨 일이든 온 힘을 기울여 하십시오."라고 말했다. 그리고 자기가 성공한 것은, 한 가지 일에만 온 힘을 쏟았기 때문이라고 말했다.

참다운 가치가 있는 일은 용감한 노력 없이는 이루어지지 않는다. 사람이 정신적으로 성장하는 것은 주로 투지, 즉 난관과 맞부딪쳐 문제를 해결해 나가고자 하는 노력에서 기인하는 것이다. 겉으로 보기에 분명히 불가능한 일들이 이것으로 가능해지니 참으로 놀라운 일이다.

앞날에 대한 강한 기대 그 자체가 가능성을 현실로 만들어 준다. 우리의 소망은 바로 우리가 할 수 있는 일들의 선봉 역할을 하는 것이다. 이와 반대로 소심하고 주저하는 사람들은 오직 그것이 불가능해 보인다는 이유로 모든 일을 포기하게 된다.

어느 프랑스 육군 장교는 자기 집 앞을 거닐며, 늘 "나는 기필코 프랑스 육군의 장군이 되고 원수가 되겠다."라고 외쳤다고 한다. 그의 열렬한 소망은 성공의 예시였던지, 후일 정말로 탁월한 지휘관이 되어 프랑스군의 원수로서 세상을 떠났다.

▶ 내 인생은 내가 결정한다

사람이 되고자 하는 것, 또는 하고자 하는 일을 가능하게 해 주는 것은 의지, 즉 목적 의식의 힘이다. 어느 성인은 늘 이런 말을 했다.

"그대가 마음먹으면 될 것이니, 하느님의 뜻에 우리의 의지력이 더해져 이것이 가능한 것이다. 무엇이든 진지하게 그리고 참다운 의도로 소망한다면 우리는 그것을 이룰 수 있다. 진실로 복종하고 인내하고 겸손하고 너그러운 사람은 자기가 원하는 대로 되지 않는 일이 없다."

어느 목수에 관한 다음과 같은 이야기가 있다. 어느 날 그가 유달리 정성 들여 치안 판사의 의자를 수선하고 있는 것을 보고 옆에 있던 사람이 그 이유를 물으니, "내가 장차 이 자리에 앉게 될 때 편히 앉으려고 그러는 것이오." 라고 대답했다고 한다. 인생이란 알 수 없는 일이니, 과연 이 목수가 후일 치안 판사로 이 자리에 앉게 되었던 것이다.

논리학자가 의지의 자유에 관해서 어떠한 이론적인 결론을 내렸든 간에, 각 개인은 사실상 선과 악, 양자 중 어느 것이나 택할 수 있다. 즉, 각 개인은 물에 던져진 한낱 지푸라기처럼 그저 물

따라 흐르는 것이 아니라 수영해서 스스로 파도를 헤쳐 나갈 수 있으며, 자기의 방향을 자기 손으로 결정할 수 있는 것이다.

우리의 의지에는 절대적인 제약이란 없고, 주문에 걸린 사람처럼 우리의 행동이 묶여 있지 않다는 것을 우리는 확신하고 있다.

➤ 목표 없이 게으른 생활을 청산하라

라메네는 어느 놀기 좋아하는 청년에게 다음과 같이 말한 적이 있다.

"자네는 이제 모든 것을 스스로 결정할 수 있는 나이일세. 그런 식으로 나가다가는 얼마 후에 자넨 스스로가 판 무덤 속에서 돌을 밀어젖힐 힘도 없이 신음을 하게 될 걸세. 인간이란 아주 쉽게 의지의 습성을 기를 수 있는 거야. 그러니 강한 의지를 기르도록 하게. 그렇게 안정되지 못한 생활을 청산하고 시든 나뭇잎처럼 바람 부는 대로 이리저리 떠돌아다니지 않도록 하게."

벅스턴은 젊은이가 굳은 결심을 세우고 그것을 고수하기만 한다면 멋대로 해도 좋다고 확신했다. 그는 아들 가운데 한 사람에게 다음과 같은 글을 보냈다.

"너는 이제 우로 도느냐 좌로 도느냐 하는 인생의 갈림길에 있다. 이제는 인생 원칙, 그리고 마음의 결의와 의지의 힘을 보여주어야 한다. 아니면 게으름에 빠져 우물쭈물하고 능률 없는 젊은이의 습성과 성격을 얻게 될 것이다. 젊은이는 멋대로 하고 싶어한다. 나 자신이 그랬으니까. 나의 행복과 모든 성공은 네 나이 때에 생활 태도를 바꾸었기 때문에 온 결과이다. 만일 네가 정력

을 기울여 열심히 살아 보겠다는 굳은 결심을 한다면, 너는 그 결심에 따라 행동한 것이 현명한 일이었다고 생각하며 일평생 두고 두고 기쁨을 느낄 것이다."

확고하고 꾸준하게 의지를 실행하기 전에 중요한 것은 올바른 방향과 동기를 잡는 것이다. 관능의 쾌락 쪽으로 방향이 기울어지면 강한 의지는 악마가 되고 지력知力은 타락한 노예가 될 뿐이지만, 좋은 쪽으로 방향이 잡히면 강한 의지는 왕이 되고 지력은 인간에게 최고의 행복을 가져다 준다.

▶ 불가능이라는 말은 바보들의 사전에만 있다

"의지가 있는 곳에 방법이 있다."라는 격언은 참으로 옳은 말이다. 어떤 일을 하리라 굳은 결심을 하는 사람은 바로 그 결심으로 인하여 모든 장벽을 뚫고 마침내 일을 성취한다. 할 수 있다고 생각하는 것도 그렇거니와 성취를 결심하는 것 그 자체가 바로 성취인 것이다.

수웨로의 인격은 그의 의지력에서 나왔으며, 결의가 굳은 대부분의 사람들과 같이 그도 입버릇처럼 의지력을 찬양했다. "의지만 있으면 됩니다." 하고 그는 실패한 사람들에게 말하곤 했다.

리슐리이와 나폴레옹처럼 그도 '불가능'이란 낱말을 사전에서 빼 버려야 한다고 주장했다. '모르겠다' '할 수 없다' 따위의 말은 그가 무엇보다도 싫어한 것이었다. 그는 "배우라! 실천하라! 시도하라!"라고 늘 외쳤다. 누구나 타고난 재능을 정력적으로 개발하면 이루지 못할 일이 없다는 것을 그를 통해 알 수 있다.

나폴레옹이 좋아하는 금언 중 하나가 "가장 참된 지혜는 굳은 결심이다."라는 말이었다. 그의 생애는 어느 누구의 생애보다도 강인하게 전진하는 의지가 무엇을 성취할 수 있는가를 분명히 보여 주었다. 그는 자신의 몸과 마음을 일에 쏟았다. 그리하여 우둔하고 무능한 자들이 다스리는 나라가 연달아 나폴레옹 앞에 무릎을 꿇었다.

알프스 산맥이 휘하 군대의 전진을 막는다는 말을 듣고 그는 이렇게 말했다. "내 앞에 알프스 산맥은 없다." 이리하여 전에는 사람들이 접근할 수 없었던 지역을 통과하여 심플런 산길이 개통된 것이다.

"불가능이란 말은 바보들의 사전에만 있는 낱말이다."라고 그는 말했다. 그는 때로 한꺼번에 네 명이나 되는 비서를 채용하여 네 사람이 다 녹초가 될 정도로 많은 일을 했다. 누구에 대해서나 적당히 하는 법이 없었으며, 자기 자신에 대해서도 용서가 없었다. 많은 사람들이 이 영향을 받아 용기를 내고 삶에 새로운 힘을 얻었다.

그러나 그는 강한 이기심 때문에 망하게 되고, 프랑스도 무정부 상태에 빠져 결국 멸망의 길을 걷게 되었다. 선이 결여된 의지는 악의 횡포와 다를 바가 없다.

▶ 마음에 스며드는 진실의 말

자비에르에서 마틴과 윌리엄스에 이르기까지 유명한 선교사들이 모두 세속의 명예를 버리고 숭고한 희생 정신으로 일했다. 그들은 오로지 행방 불명이 되거나 전사한 동족들을 찾아서 구원하려는 생각으로만 가득 차 있었다.

무적의 용기와 한없는 인내의 힘으로 이들은 곤란을 견디고, 위험과 맞서고, 질병을 겪고, 모든 고생과 피로와 고통을 참고서 기꺼이 의무를 수행했으며, 심지어는 영광스러운 순교를 하기도 하였다.

이 중에서 첫 번째 순교자로 가장 유명한 사람이 프란시스코 자비에르였다. 고귀한 집안에서 태어나 마음대로 쾌락과 권력과 명예를 누릴 수 있는 처지이면서도, 이 세상에는 계급보다 더 높은 목적이 있고 부귀의 축적보다 더 고상한 포부가 있다는 것을 목숨을 바쳐서 입증했다.

그는 행동과 마음가짐에 있어서 참다운 신사였다. 항상 명예롭고 관대했으며, 남을 잘 따르면서도 지도력이 있고, 남의 이야기에 잘 설득되면서도 남을 잘 설득했을 뿐 아니라, 매우 참을성이 있는 데다 결단력이 있는 정력적인 사람이었다.

그는 스물두 살 때 이미 파리 대학의 철학 교수로서 자기의 생활비를 벌었다. 이곳에서 자비에르는 로욜라와 친교를 맺게 되었으며, 이후 얼마 안 되어 조그마한 개종자 단체를 따라 로마로 순례 여행을 떠났다.

　포르투갈의 존 3세가 포르투갈 세력하에 있는 인도 영토에 기독교를 전파시킬 생각으로 당초에 선발했던 선교사는 보바딜라였으나, 그가 병 때문에 갈 수 없게 되자 자비에르가 가게 되었다. 해진 법의를 고쳐 입고는 성무聖務 일지 한 권을 들고서 그는 즉시 리스본으로 가서 동양으로 가는 배를 탔다.

　고아인도 남서부에 있는 옛날 포르투갈 영토를 향하여 출범한 이 배에는, 인도 총독과 그곳 수비대에 보낼 1,000명의 증원병들이 타고 있었다. 그를 위하여 선실 하나가 배정되어 있었지만, 자비에르는 항해 중 내내 갑판 위에서 돌돌 말아 놓은 밧줄을 베고 잠을 자며 선원들과 함께 식사를 하였다. 그는 선원들이 아쉬워하는 문제를 보살펴 주고, 아기자기한 장난거리를 만들어 재미있게 해 주고, 아플 때 잘 돌봐 주었으므로, 선원들의 절대적인 믿음을 얻고 존경을 받게 되었다.

고아에 도착한 자비에르는 원주민과 거주민들이 모두 나쁜 풍습에 빠져 있는 것을 보고 놀랐다. 거주민들은 마구 악풍惡風을 들여왔고, 원주민들은 이 좋지 못한 악풍을 그대로 받아들였다. 종을 흔들고 거리를 다니면서 그는 아이들을 자기한테 보내어 가르침을 받게 하라고 사람들에게 간청했다.

　　이리하여 곧 많은 아이들을 모아 정성 들여 매일같이 가르치는 한편, 병든 사람들과 나병 환자들, 그리고 모든 계층의 불쌍한 사람들을 찾아다니며 그들의 불행을 덜어 주고 진리의 길로 이끌어 주었다.

　　누가 고통을 받고 있다는 소식을 듣고는 못 본 체 넘기는 일이 없었다. 마날의 진주 캐는 사람들이 타락과 불행에 빠져 있다는 소식을 듣자, 즉시 그들을 찾아가 또다시 종을 울리며 자비를 빌었다. 그들에게 세례를 베풀고 통역을 통해 하느님 말씀을 가르쳐 주었다. 그의 가장 훌륭한 가르침은 불행한 사람을 도와주고 고통을 덜어 주는 일이었다.

▶ 익은 열매는 많지만 그것을 따는 사람은 적다

그는 코모린 해안을 따라 여러 읍과 마을, 그리고 사원과 장터를 돌아다니면서 원주민들에게 자기 주변에 모여 가르침을 받으라고 했다. 교리문답집, 사도신경, 십계명, 주기도문, 예배 의식법 등을 원주민 말로 번역시켜, 자신이 이것을 외우고 암송해서 아이들에게 가르쳐 주고, 아이들이 이것을 외운 다음에는 부모와 동네 사람들에게 가서 이 말을 전하도록 했다.

케이프 코모린에서는 서른 명의 설교사를 임명하여 자기의 지도 아래 서른 군데의 교회를 이끌어가게 했는데, 교회라고 해봐야 극히 검소하고 커다란 십자가만 있을 뿐 조그마한 오두막집들이었다. 이곳에서 다시 종을 울리며 이 마을 저 마을을 찾아다니며, 지쳐 손을 들 수 없을 정도로 세례를 베풀고 목소리가 들리지 않을 때까지 설교를 하면서 트라반코로 갔다. 이때의 선교 결과가 예상 이상으로 좋았다고 그는 말했다.

그의 순결하고 진지하고 아름다운 생활, 그리고 그의 행동의 강한 영향력으로 가는 곳마다 개종자가 생겼다. 공감을 불러일으키는 강한 힘에 의하여, 그의 말을 다 알아듣지는 못해도 귀로 그의 말을 들은 사람들은 그의 열성을 느끼게 되었던 것이다.

'수확은 큰데 노력하는 자는 별로 없다.' 라는 생각으로 괴로워한 나머지 자비에르는 이어 말라카와 일본으로 갔다. 그러나 이곳에 가 보니 언어가 전혀 달랐다. 이곳에서 그가 할 수 있는 가장 큰 일은 울며 기도하고, 병자를 지켜보며 베개를 판판하게 펴 주고, 때로는 법의의 소맷자락을 물에 적셔 몇 방울의 물을 짜내어 죽어 가는 사람들에게 세례를 베풀어 주는 일이었다.

희망에 부풀어 아무것도 두려워하는 일이 없는 가운데, 이 용감한 진리의 병사는 신념과 정력으로 전진을 계속했다. "어떠한 죽음도 고문도 좋다. 단 한 사람의 영혼이라도 구할 수 있다면 나는 천 번이라도 그것을 감수하겠다."라고 그는 말했다. 배고픔, 목마름, 궁핍, 그리고 여러 종류의 위험과 싸우면서, 휴식도 없이 피로도 모르면서 계속 사랑의 포교를 해 나갔다.

2년간을 애쓰고 노력한 후, 이 위대하고 선량한 사람은 중국으로 들어가는 방법을 궁리하다 산치안 섬에서 열병에 걸려 마침내는 영광의 왕관을 쓰게 되었다. 이 사람보다 더 고귀하고 더 순결했던 영웅, 그리고 이 사람보다 더 용감하고 더 극기심이 강했던 사람은 이 세상에 없었을 것이다.

▶ 젊어서 고생은 사서도 한다

리빙스턴 박사의 생애는 이 중에서도 가장 흥미 있다. 그의 조상은 가난하지만 정직한 하일랜드 사람이었다. 지혜가 많고 신중하기로 유명했던 조상 중 한 사람에 관하여 다음과 같은 이야기가 전해지고 있다. 임종의 자리에서 그는 앞에 모인 자손들에게 이런 유언을 했다고 하는데, 이것이 자손들에게 주는 유일한 유산이었다.

"내 생전에 우리 가문의 역사를 다 조사해 보았지만, 우리 조상 중엔 부정직한 분이 한 분도 계시지 않았다. 그러므로 너희들이나 너희들의 자녀들 중에 누구라고 부정직한 길을 걷는다면, 그것은 우리 혈통에서 연유한 것이 아니라 그가 우리 혈통이 아니기 때문일 것이다. 나는 이 교훈을 너희들에게 남긴다. 그러니 부디 정직하게 살라."

열 살 때 리빙스턴은 글래스고의 방적 공장에 나가 직물의 올을 잇는 일을 했다. 첫 번째 주급을 받아서 라틴어 문법책을 사다가 라틴어를 배우기 시작했고, 밤에는 야학교에 나가 몇 해 동안 공부를 했다. 매일 아침 여섯 시까지 공장에 나가야 했기 때문에 어머니가 그만 자라고 야단을 쳤지만, 보통 열두 시, 때로는 열두

시 넘어까지 자지 않고 공부를 계속하곤 했다.

그는 베르질과 호리스의 시집을 비롯하여 소설을 제외한 여러 가지 책을 손에 닥치는 대로 광범위하게 읽었지만, 특히 좋아한 책은 과학책과 여행기였다. 별로 시간도 없었지만 여가가 생기기만 하면 식물학 연구를 하고 이웃 지방을 돌아다니며 식물을 수집했다. 심지어는 공장의 소음 속에서도 독서를 했으니, 방적기 위에 책을 올려놓고 기계가 한 번 움직일 때마다 한 문장씩 읽어 나갔다.

참을성이 강한 이 청년은 나이가 들자 선교사가 되어 이교도의 나라로 가고 싶은 욕망에 사로잡히게 되었다. 이를 위해 그는 의학 교육을 받을 결심을 하였다. 의학 지식이 있으면 선교사로서 활동하기가 더 쉬웠기 때문이다.

이처럼 그는 번 돈을 절약해서 생활을 해 나가는 한편, 몇 해 겨울 동안 글래스고에서 신학 강의도 듣고 의학과 그리스어 수업도 받을 수 있었다. 물론 그동안 겨울을 제외한 계절에는 방적 공장에서 일을 계속했다. 누구에게서 도움을 받는 일도 없이, 공장 직공으로 일을 하여 생계를 유지하면서 오직 자기 힘으로 대학

교육을 받은 것이다.

그는 다음과 같이 솔직하게 말한다. "이제 와서 그때의 고생을 회고해 보건대, 그 시절이 나에게는 중요한 교육이었음을 깨닫고 감사하지 않을 수 없다. 가능하다면 나는 그와 같은 미천하고 힘이 드는 고생 속에서 나의 인생을 처음부터 다시 한 번 시작해 보고 싶다."

‣ 처음부터 자신의 힘으로 시작하라

마침내 그는 의과 대학 과정을 마치고 라틴어 논문을 써서 시험에 합격하여 의사 개업 허가를 얻었다. 처음엔 중국에 갈 생각을 했으나 마침 전쟁이 나 이 생각을 실천하지 못했다. 그래서 런던 선교회에 봉사 신청을 한 것이 수리되어 아프리카로 가라는 명령을 받고 1840년에 아프리카로 갔다.

원래 그는 자기 힘으로 중국에 갈 생각이었기 때문에 런던 선교회가 대 주는 돈으로 아프리카로 가는 것이 무척 괴로웠다고 한다. "모든 일을 내 힘으로 하던 사람은 다소나마 남에게 의존을 한다는 것이 불편하다."고 그 이유를 밝히고 있다.

아프리카에 도착하여 그는 열성을 다해 일에 착수했다. 그는 남의 힘에 의지한다는 것을 참을 수 없었고, 모든 일을 자립해서 개척해 나갔다. 하느님의 말씀을 가르치는 일 외에 집을 짓는 것 같은 노동은 스스로 했다. 그는 "방적 공장에서 일할 때처럼, 밤에는 대체로 기진맥진해서 공부하기가 힘들 정도였다"고 말한다.

그는 원주민 베추아나스족과 함께 땅을 파고 집을 짓고 밭을 경작하고 가축을 기르고 하면서 그들에게 하느님을 숭상하는 동시에 일을 하도록 가르쳤다.

원주민들을 데리고 최초의 먼 여행길에 올랐을 때, 이들이 그의 용모와 힘에 관하여 다음과 같이 수군거리는 소리를 듣게 되었다. "저 사람은 힘이 없다. 바짝 말랐지 않았는가. 저 자루양복바지를 입고 있으니까 완강하게 보일 뿐이다. 아마 곧 쓰러지고 말걸."

이 말을 듣자 이 하일랜드 출신 선교사의 피는 솟구쳐, 피로를 무릅쓰고 온 힘을 기울여 며칠 동안 최고의 속도로 일행의 발걸음을 재촉하였다. 그제야 모두들 그의 보행 실력을 올바르게 평가해 주었다.

아프리카에서 그가 무슨 일을 했으며 어떻게 일했는가는 그의 저서 〈선교 여행기〉에 잘 나와 있는데, 이 책은 지금까지 세상에 나온 이런 종류의 서적 중에서 가장 흥미 있는 책이다.

별로 알려지지 않은 일이지만, 그의 특성을 잘 알 수 있는 일화가 하나 있다. 그가 아프리카로 갈 때 가지고 간 작은 증기선이 못 쓰게 되자, 그는 약 2,000파운드의 비용으로 선박을 하나 건조해 달라는 주문 신청을 본국에 보냈다. 그런데 이 돈은 그의 저서인 여행기에서 생긴 수입으로, 특히 자녀들을 위해 저축해 두었던 것이다.

이런 돈을 써 가며 선박 주문을 한 것은, '아이들은 스스로의 힘으로 자립해야 한다'는 그의 생각을 표현한 것이다.

▶ 정열과 불굴의 의지로 일을 해 나가라

여러 해 동안의 투쟁 끝에 아프리카에서 노예 제도가 폐지되었다. 그러나 또 하나의 큰일이 남아 있었다. 그것은 영국 안에서의 노예 제도 폐지였다. 그런데 여기서도 굳은 결의를 지닌 정력이 승리를 거둔 것이다.

이 일에서 가장 탁월했던 지도자는 포웰 벅스턴이었으며, 이 사람은 하원에서 전에 윌버포스가 하던 일을 맡아했다. 벅스턴은 우둔하지만 남달리 의지가 굳은 소년이었는데, 이러한 성격이 처음에는 난폭하고 교만하고 완고한 면으로 나타났다.

어릴 때 아버지가 돌아가셨으나, 다행히도 어진 어머니가 정성 들여 그의 의지를 수양시켜 말씀에 복종하도록 가르쳤을 뿐만 아니라 그에게 맡겨진 일을 자기 힘으로 결정하고 처리할 수 있는 습성을 길러 주었다. 그의 어머니는, 가치 있는 목표를 지향하는 강한 의지는 남자에게 귀중한 것이라 믿고 이에 따라 아이를 기른 것이다.

주변 사람들이 이 소년의 고집에 대해 뭐라고 하면 어머니는 태연히 이렇게 말했다. "염려하실 것 없습니다. 그 아이는 물론 고집이 셉니다. 하지만 두고 보십시오. 후일을 위해 그것이 오히려 더 좋을 테니."

　벅스턴은 학교 공부를 별로 하지 않았기 때문에 열등생이자 게으름뱅이로 알려졌다. 다른 아이들에게 숙제를 시키고 자기는 장난치며 뛰어노는 게 예사였다. 몸집이 큰 열다섯 살의 벅스턴은 뱃놀이, 사냥, 승마 같은 것만 좋아하고, 글을 읽지도 못하고 쓰지도 못했다. 그러나 인생과 하늘의 섭리를 올바르게 볼 줄 아는 선량한 사람이었다.

　그 당시의 벅스턴은 있는 그대로의 깨끗한 심성을 지니고 있었지만, 교양과 인격적 훈련은 부족하여 훌륭한 사람으로 발전하기는 어려울 것 같았다. 그의 생활이 선으로 물들어 갈 것인가, 악으로 물들어 갈 것인가 하는 이 인생 교차점에서 다행히도 그는 거니 일가와 사귀게 되었다.

　거니 일가는 지적인 교양과 박애 정신을 두루 갖춘 점잖은 집안으로 알려져 있었다. 그들은 그에게 자기 수양에 노력을 기울이도록 격려해 주었다. 후일 그는 자신이 더블린 대학에서 최고 우등상을 탔을 때 이 상을 탈 수 있게 해 준 그 집안 사람들에게 제일 먼저 달려가고 싶은 심정이었으며, 거니 일가와의 교류로 자기 생애가 윤택하게 되었노라고 말하곤 했다.

그는 결국 이 집안의 딸과 결혼하여, 삼촌 핸버리가 경영하는 런던 양조 회사의 사무원으로 사회 생활을 시작했다. 소년 시절에는 그렇게도 다루기 힘들었던 고집이 이제는 그의 성격의 기둥이 되어 무슨 일에나 끈기가 있고 정력적일 수 있었다.

그는 자기가 하는 일에 온 힘과 정력을 쏟았으며, 이 위대한 거인키가 너무 커서 사람들은 그를 '코끼리 벅스턴'이라고 불렀다은 당대에 가장 정력적으로 활동하는 사람들 중 한 사람이 된 것이다.

그는 이와 같이 말했다. "나는 한 시간 동안 술을 양조하고, 다음 한 시간 동안은 수학 문제를 풀고, 그 다음 한 시간은 사냥을 할 수 있다. 더욱이 이 모든 일에 나의 온 정신을 기울여서 했다."

그가 하는 일은 무슨 일에나 누구도 당할 수 없는 정력과 결의가 있었다. 양조 회사의 지배인이 된 그는, 이 커다란 사업체의 구석구석까지 그의 생각이 스며들게 경영하여 전보다 훨씬 더 번창하는 사업이 되었다.

그러면서도 그는 자기 수양을 게을리 하지 않고, 저녁이 되면 블랙스턴과 몽테스키외의 저서와 딱딱한 영국 법률 논평집을 연구하고 검토했다.

　독서에 관한 그의 금언은 다음과 같았다. 첫째는 책을 읽기 시작하면 끝까지 읽을 것. 둘째는 책을 완전히 이해하기 전엔 다 읽었다고 생각하지 말 것. 그리고 셋째는 온 정신을 기울여 읽으라는 것이다.

▸ 위대한 사람과 하찮은 사람의 차이

겨우 서른둘의 나이에 벅스턴은 국회의원이 되어 큰 영향력을 끼칠 수 있는 자리에 올랐다. 그가 정성을 기울여 해결하고자 했던 큰 문제는 영국 식민지에서 노예를 완전히 해방시키는 일이었다. 그가 이 문제에 관심을 기울이게 된 것은 학식이 풍부하고 마음씨도 따뜻한 데다 덕이 뛰어난 프리실라 거니 부인의 영향 때문이라고 말했다.

1821년 임종 자리에서, 그녀는 거듭 벅스턴에게 사람을 보내어 "노예를 위한 봉사를 당신의 위대한 인생 목표로 삼으시오."라고 간청했다. 그녀는 이 엄숙한 부탁을 다시 되풀이하려다가 말을 다 하지 못하고 그대로 세상을 떠나고 말았다.

벅스턴은 부인의 충고를 잊지 않았고, 딸 중 한 아이의 이름을 부인의 이름을 따 지었다. 흑인이 해방된 날인 1834년 8월 초하루, 딸 프리실라도 결혼을 하여 남편을 따라 친가를 떠났는데, 벅스턴은 딸 내외가 떠난 후 책상에 앉아 친구에게 아래와 같은 편지를 보냈다.

"신부가 떠났네. 모든 일이 잘되었어. 그뿐인가, 이제 영국 식민지에는 한 사람의 노예도 없게 되었네 그려!"

벅스턴은 천재가 아니었다. 위대한 지성의 지도자도 아니요, 대단한 발견을 한 사람도 아니었다. 다만 진지하고 곧고 결단력이 있으며 정력적인 사람이었을 뿐이다. 그의 성격 전체가 다음과 같은 그의 말에 분명히 표현되고 있으니, 모든 젊은이들은 이 말을 가슴속에 새겨 두는 것이 좋으리라 생각된다.

"오래 살수록 나는 인간 사이의 커다란 차이, 즉 약한 자와 강한 자, 위대한 자와 그렇지 못한 자 사이의 커다란 차이가 정력과 불굴의 의지에 있다는 것을 더욱 확신하게 되었다. 다시 말해서 일단 어떤 목표를 세우면, 승리하지 못하면 죽겠다는 각오로 끝까지 매진하는 것이다! 이 기질만 있으면 이 세상의 모든 일을 할 수 있는 것이며, 아무리 재능이 있고 환경이 좋고 기회가 있다 해도 이 기질이 없다면 사람 구실을 할 수 없을 것이다."

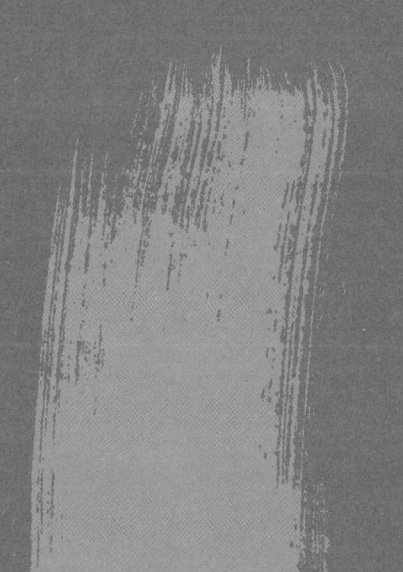

제6장

시간은 돈이다

▶ 사업가의 마인드도 필요하다

해즐리트는 사업하는 사람은 이미 잘 다져진 길에서 벗어나지 않고 그저 그 사업의 상도常道를 걸어가면 되는 것이라고 주장했다. 그는 〈사고와 행동〉이라는 글 속에서 이와 같이 말하고 있다.

"사업을 번창시키기 위한 중요 요건은 가장 좁은 범위에서 관례와 이익만 생각하면 되는 것이다. 상상력이나 기타 다른 생각은 필요치 않다."

그러나 이것은 매우 일방적이고 옳지 못한 견해이다.

과학자, 문학가, 입법자들 중에 소견이 좁은 사람들이 있는 것처럼, 사업가들 중에도 물론 소견이 좁은 사람들이 있을 수 있다. 그러나 배포가 크고 호탕하며 활동 범위가 매우 넓은 사람들도 있다. 버크가 인도 법안의 제안 연설 중에 말한 것처럼, 행상인과 다름없는 정치인이 있는가 하면 정치가와 같이 스케일이 큰 상인들도 있는 것이다.

어떤 중요한 사업을 성공적으로 추진하는 데 필요한 요건은 무엇일까. 그 사업에 대한 적성, 위급한 상황에 대처할 수 있는 행동의 민첩성, 수많은 사람들의 노력을 조직화할 수 있는 능력, 인간의 성질을 알아보는 비상한 재주, 꾸준한 자기 수양 그리고 다양한 생활 경험 등이다.

사업이라는 분야는 몇몇 작가들이 말하는 것처럼 그렇게 좁은 것이 결코 아님을 알 수 있다. 헬프스의 다음과 같은 말이 훨씬 더 진리에 가깝다.

"완전무결한 사업가는 위대한 시인만큼이나 희귀하며, 아마도 참된 성인과 순교자들보다 더 귀할 것이다. 다른 어느 일에 관해서보다 사업에 관하여 우리는 분명히 이런 말을 할 수 있다. '사업은 인간을 만드는 것이다.'"

위대한 성인들도, 한편으로 높은 이상을 추구하기만 하면, 정직하게 세상에 이로운 사업을 하는 것을 결코 멸시하지 않았다. 노동을 해서 돈을 벌든 머리를 써서 돈을 벌든, 정직하게 돈을 버는 일이라면 모두 가치 있는 것이다. 일곱 성인 중에 첫 번째인 탈레스, 수학자 하이페라테스는 모두 상인이었다.

지혜가 탁월한 까닭에 신인神人이라고 불렸던 플라톤은 여행 중 기름을 팔아 번 돈으로 이집트까지 가는 여비에 충당했다. 스피노자는 유리를 닦아 생계를 유지하면서 철학 공부를 했다. 위대한 식물학자 린네는 망치로 가죽을 두드려 구두를 만들면서 연구를 계속했다. 셰익스피어는 극장을 성공적으로 운영한 사람이었고, 아마도 희곡과 시를 쓰는 재능보다 극장 운영 같은 실용적인 재주를 더 자랑스럽게 생각했을 것이다.

셰익스피어가 문학가로 활동한 목적은 다른 누구의 도움도 받지 않고 자립하기 위해서라고 말하는 사람도 있다. 그래서 그런지 그는 문학가로서의 명성에 대해서는 전혀 무관심했던 것 같다. 그가 희곡 출판에 직접 관여했는지 또는 자기 작품의 출판을 대행시켰는지는 아무도 모른다. 그리고 그의 작품 연대도 아직까지 신비에 싸여 있다. 그러나 한 가지 확실한 일은, 그는 사업이 번창하여 상당한 재산을 모아 말년에 고향에서 편안한 생활을 할 수 있었다는 것이다.

초서는 젊었을 때 군인으로 있다가 후에 유능한 세관 관리로 일했고, 이어 산림과 왕실 소유령의 감독관이 되었다. 스펜서는 아일랜드 부총독의 비서를 거쳐 코크의 치안관이 되었는데, 민첩하고 주의 깊게 일을 처리했다고 한다. 밀턴은 본래 교사였으나 잉글랜드 공화국 당시 국무위원의 지위에 올랐다. 오늘날까지 남아 있는 당시의 공문서나 그의 서한을 보면 그가 얼마나 자기 직무에 유능했던가를 알 수 있다.

아이작 뉴턴 경은 유능한 조폐 공장 책임자였으며, 그가 직접 감독하는 가운데 1694년의 새 화폐가 만들어진 것이다. 코퍼는 "시인으로서 나만큼 어떤 일에나 꼼꼼한 사람은 없을 것이다." 라고 말하며, 자기의 정확하고 꼼꼼한 성품을 자랑했다. 인지印紙를 분배하는 일을 했던 워즈워스와 법정의 서기 일을 보았던 스콧은 둘 다 위대한 시인이었지만, 일 처리에서는 남달리 엄정하고 실무적이었다.

데이비드 리카도는 런던에서 주식 중매를 하여 많은 돈을 벌었다. 매일 일에 바쁜 속에서도 자기가 좋아하는 연구 과제인 정치 경제의 원리 연구에 정신을 집중하였다. 그리고 이 연구는 나중에 그에게 커다란 영광을 안겨 주었다. 그는 현명한 상인으로서의 소질과 심오한 학문 연구자로서의 재질을 겸비하고 있었던 것이다.

▶ 먼길을 돌아 여행하는 것이 참된 기쁨을 가져다준다

어떻게 해야 사업에서 성공하는지는 누구나 잘 알고 있다. 그러나 지식 습득과 과학 연구와 마찬가지로, 일에서 성공하기 위해서도 참을성 있는 노력과 일에 전념하는 마음이 필요하다.

옛 그리스 사람들은 이와 같이 말했다. "어떤 일에서나 유능한 사람이 되려면 세 가지가 필요하다. 즉 천성, 연구, 그리고 실천이 필요한 것이다."

사업에 성공하려면 현명하고 부지런하게 단점을 고쳐 나가는 실천이 필요하다. 이른바 '행운의 성공'을 거두는 사람도 있을지 모르나, 노름으로 번 돈처럼 이러한 성공은 다만 우리를 유혹에 빠뜨려 멸망의 길을 걷게 할 뿐이다.

베이컨은 사업의 길은 우리가 걸어다니는 길과 같은 것이라고 말했다. 가까운 길은 대개 좋지 못한 길이니, 정당한 길을 가려면 다소 돌아가는 길을 택해야 한다고 말하곤 했다.

시간이 더 오래 걸릴지 모르나, 그 일을 하느라 쏟는 노력의 기쁨, 그리고 일이 이루어진 때의 즐거움이 보다 더 순수하고 깨끗할 것이다. 아무리 힘든 일도 매일 꾸준히 계속한다면 그만큼 더 행복한 여생을 즐길 수 있다.

헤라클레스가 해낸 일들에 대한 우화는 모든 인간 활동과 성공의 전형이라고 할 수 있다. 모든 젊은이는 남의 도움과 후원이 아니라 자기 자신의 노력에 의해서만 인생의 행복과 편안함을 얻을 수 있다는 것을 알아야 한다.

멜번 경은 시인 무어의 아들에게 일자리를 하나 달라는 존 러셀 경의 청탁에 다음과 같은 답장으로 인생 충고를 하고 있다.

"친애하는 존에게, 무어의 아들에 관한 자네 편지에 답장을 쓰네. 할 수만 있다면 자네가 원하는 대로 해주고 싶네 그려. 하지만 무엇을 하든 무어 자신이 해야 할 거라고 생각하네. 이것이 보다 더 분명하고 직접적이고 명료한 일이 아니겠나.

젊은이를 위하여 조그마한 자리를 마련해 준다는 것은 정당한 일이 아니며 무엇보다도 그에게 해로운 일일세. 젊은이들은 흔히 자신의 능력을 과대평가하고 노력을 하지 않네. 젊은이들은 오직 다음과 같은 말에만 귀를 기울이면 된다고 생각하네.

'너의 길은 따로 있으며, 네가 굶어 죽느냐 아니냐는 너의 노력에 달려 있는 것이다.' 내 말을 믿어 주게."

⫸ 무위의 생활은 인생을 파괴한다

현명하고 열정적으로 실용적인 일에 성실히 노력하면 항상 응분의 결과를 얻는다. 이렇게 해서 사람들은 계속 전진하고, 자신의 개성을 살리고, 더 나아가 남의 행동에까지 좋은 영향을 끼치는 것이다.

모든 사람이 똑같이 높은 자리로 오르는 것은 아니지만, 대체로 자기가 한 만큼 출세할 수 있다. 그래서 "모든 사람이 큰 도시에서 살 수 있는 것은 아니지만, 햇빛은 누구나 받을 수 있다."는 격언도 있는 것이다.

너무 쉬운 생활을 하려고만 드는 것은 좋은 일이 아니다. 모든 것이 원하는 대로 척척 다 되고 솜털 베개를 베고 자는 것보다, 열심히 일하고 고생하며 살아가는 궁핍한 환경에 있는 편이 좋다.

별로 풍요롭지 않은 가운데 인생의 출발을 한다는 것은 일에 대한 자극제로서 매우 필요한 것이다. 이것은 성공적인 인생을 살기 위해 반드시 필요한 조건의 하나라고 볼 수도 있다.

어느 고명한 판사는 그가 법조계에서 성공한 가장 큰 요인이 무엇이냐는 질문에 다음과 같이 대답했다. "위대한 재능으로 성공하는 사람도 있고, 고위층에 연줄이 있어 성공하는 사람도 있고, 기적에 의하여 성공하는 사람도 있겠으나, 대부분의 사람들은 동전 한 푼 없이 출발해서 성공을 얻는 것이오."

오랫동안 공부하고 동양의 유서 깊은 나라로 여행도 하여 상당한 기술을 갖춘 어느 건축가의 이야기가 있다. 그가 고향으로 돌아와 건축 일을 시작하게 되었는데, 누가 써 주기만 한다면 어디가서나 일할 마음의 준비가 되어 있었다. 그래서 그는 수리하는 일을 하게 되었다. 이 일은 건축가가 하는 일 중에서도 가장 형편없고 가장 보수가 적은 일이었다. 그러나 그는 이 일을 충실히 하였다. 그에게는 이 일이 억지로 하는 일이 아니라, 자기 일의 순조로운 출발이었을 뿐이다.

7월의 어느 무더운 날, 그가 어떤 집 지붕 위에 두 다리를 벌리고 앉아 수리를 하고 있는 것을 한 친구가 보았다. 땀이 흐르는 얼굴을 닦으면서 그는 큰 소리로 외쳤다. "그리스를 두루 살피고 온 사람이 하고 있는 이 멋진 일 좀 보게나!"

그는 비록 하찮은 일이지만 열심히 했다. 이와 같이 참고 견딘 후 차츰 보수가 나은 일을 하게 되었으며, 마침내는 최고 수준의 건축가가 되었다.

사실상 노력은 개인과 국가 발전에 중요한 근원이며 원천이라고 볼 수 있다. 희망이나 투쟁하려는 의욕은 전혀 없이, 자기는 아무런 노력도 하지 않고 모든 소원을 충족시키려는 것보다 더 저주할 만한 일은 없다. 열심히 살고자 하는 동기나 필요를 전혀 느끼지 못하는 것은, 이성을 지닌 인간에게 다른 무엇보다도 비참하고 견디기 힘든 것이다.

스피놀라 후작이 호레이스 비어 경에게 "당신 아우는 무엇 때문에 죽었소?" 하고 묻자 호레이스 경은 대답했다. "제 아우는 아무것도 할 일이 없어서 죽었답니다." 이 말을 듣고 스피놀라는 다음과 같이 말했다. "딱한 일이군! 할 일이 없으면 우리들 무쇠 같은 장군도 죽을 수밖에 없지."

▶ 잠자는 사자보다 짖는 개가 되라

그러나 인생에서 실패하는 사람들은 자신들의 순수함이 세상에 짓밟히기라도 한 듯한 태도를 보이고, 자신들이 불행하게 된 것은 남들 때문이라고 생각하는 경우가 많다.

어느 유명한 작가가 책을 하나 냈는데, 그는 이 책을 통하여 자기가 여러 번 일에 실패했다는 사실을 털어놓았다. 그런데 어처구니없게도, 그는 자신이 구구단을 외우지 못했다는 점을 시인하면서도, 자기가 인생에서 성공하지 못한 진정한 원인은 당대 사람들의 배금주의 때문이라고 결론지었다.

라마르틴도 주저하지 않고 공공연하게 수학을 멸시했다. 그러나 그가 수학을 덜 멸시했더라면, 우리는 이 사람을 숭배하는 사람들이 말년에 그를 부양코자 모금을 하는 흉한 꼴은 보지 않았을 것이다.

애당초 자신들은 불행하게 태어났다고 비관하며 자신들에게는 아무런 과오가 없는데도 세상이 항상 자신들을 좋지 않게 대한다고 생각하는 사람들도 있다. 이런 생각이 지나쳐서, 만일 자기가 모자 장수로 태어났다면 이 세상 사람들이 모두 머리 없이 태어났을 거라고 말하는 사람도 있다.

그러나 러시아의 격언에도 있듯이 불행이란 어리석음의 이웃이다. 밤낮으로 슬퍼하는 자들은 알고 보면 그들 자신의 태만, 실수, 준비 부실 또는 일에 전념하는 노력이 없었던 결과를 거두어들이고 있을 뿐이다.

주머니에 단지 1기니를 넣고 상경했던 존슨 박사는, 어느 귀족에게 보낸 편지에서 자신을 가리켜 '점심 없이 사는 사람'이라고 하며 다음과 같은 진지한 말을 했다.

"세상을 불평하는 자들은 모두 부당하다. 노력하는 사람은 반드시 대가를 받는다. 성공하지 못하는 것은 대개 자기의 잘못 때문이다."

미국의 작가 워싱턴 어빙도 같은 견해를 가지고 있다. 그는 다음과 같이 말했다.

"'겸손한 사람은 알아주지 않더라.'라는 말은, 게으르고 결단성 없는 사람들이 성공을 얻지 못했을 때 그 책임을 사회에 돌리기 위해 사용하는 말이다. 그러나 겸손한 태도는 흔히 소극적이고 일을 소홀히 하거나 흐리멍덩한 경향이 있다.

쉬지 않고 노력하는 재능은 반드시 그것을 발휘할 수 있는 무대가 있는 법이다. 그러니 안으로 위축되어 누가 찾아 주기를 기대해서는 안 된다. 저돌적이고 뻔뻔스러운 사람들이 성공하고, 조용히 물러나 있는 실력가들은 알아주지 않는다는 불평도 많이 하고 있다.

그러나 대체로 보건대 이런 적극적인 사람들이야말로 민첩하고 활동적인 귀중한 장점으로 가지고 있다. 이런 점이 없이는 아무리 가치 있는 재능이 있어도 무용지물에 지나지 않는다.

짖는 개가 잠자는 사자보다 더 유용한 것이다."

▌ 비즈니스맨을 성공시키는 여섯 가지 원칙

깊은 주의력, 정확성, 효과적인 방법, 시간 엄수, 그리고 신속한 일 처리는 무슨 일이든 사업을 능률적으로 운영하는 데 필요한 조건이다. 이런 것들은 언뜻 보면 조그마한 일처럼 생각될지 모르나 인간의 행복과 복지에 없어서는 안 될 중요한 것들이다.

아닌 게 아니라 인간의 생활이란 대수롭지 않은 사소한 일들로 짜여 있다. 바로 이 조그만 일들의 반복이 인간 성격뿐 아니라 국가의 성격도 결정해 준다. 개인이나 국가가 망하는 경우를 보면, 그 원인이 한결같이 조그마한 일들을 소홀히 한 데에 있다.

모든 사람은 완수해야 할 의무가 있다. 따라서 한 집안의 일이건, 장사나 직업에 관한 일이건, 또는 정부의 일이건 자기의 의무를 완수할 수 있는 능력을 개발해야만 한다.

우리는 이미 산업, 예술, 과학 등의 각 분야에서 꾸준히 노력하는 것이 가장 중요하다는 것을 보아 왔다. 우리는 매일의 경험을 통하여 조그마한 일에 세밀한 주의를 기울이는 것이 한 개인이 발전하는 근원이라는 것, 그리고 성실함이 행운의 기초라는 것을 알게 된다.

정확성 또한 대단히 중요한 것이다. 말을 정확히 하고, 거래를 정확히 하는 것은 대단히 중요한 것이며, 이것으로 사람이 잘 훈련되었는지 그 여부를 알 수 있다. 이왕 하는 일은 잘해야 한다. 열을 불완전하게 하느니보다는 하나를 완벽하게 하는 편이 낫기 때문이다. 어느 현인은 다음과 같이 말하곤 했다. "조금만 쉬어라. 더 빨리 끝낼 수 있기 위하여."

그러나 이처럼 중요한 일에 대해서 사람들은 너무도 주의를 기울이지 않는다. 실용 과학에 종사하는 어느 유명한 사람이 다음과 같은 말을 했다. "일을 하다 보면 어떤 사실을 정확하게 정의할 수 있는 사람이 얼마나 적은가를 알게 되는데, 이는 참 놀라운 일이다."

사업에서는 조그마한 일들을 다루는 방법에 따라 자신에게 유리할 수도 있고 불리할 수도 있다. 능력은 별도로 치고, 모든 일에 확실치 못한 사람은 신용을 얻지 못한다. 그런 사람이 한 일은 누군가가 다시 한 번 검토해야만 한다. 그래서, 그런 사람은 짜증, 고민, 말썽의 원인이 되는 것이다.

▶ 오늘 할 일을 내일로 미루지 말라

일을 하는 데 요령이란 필수적인 것이며, 요령이 있어야만 많은 일을 만족하게 해낼 수 있다. 목사 리처드 세실은 요령에 대해 다음과 같이 말했다. "상자에 물건을 채우는 것과 같다. 능숙한 사람은 서툰 사람의 곱절 반이나 많은 물건을 채울 수 있는 것이다."

세실은 남달리 신속한 일처리를 중시했다. 그래서 그의 금언은 "많은 일을 빨리 하려면 한 번에 반드시 한 가지 일을 해야 한다."는 것이었다. 또한 그는 나중에 한가한 때에 하리라 생각하고 어떤 일을 하지 않은 채로 미뤄두는 적이 없었다. 일이 바쁠 때는 식사 시간을 줄여서 일을 다 마친 다음에 쉬면 쉬었지, 일의 어느 부분이든 마치지 않고 그대로 넘기는 일은 없었다.

드 위트의 금언도 세실의 금언과 같이 "한 번에 한 가지 일을"이었다. 그는 이와 같이 말했다. "어떤 일을 신속히 처리할 경우가 생기면, 나는 그것을 다 마칠 때까지 다른 일을 생각하지 않는다. 집안에 마음을 써야 할 일이 생기면, 그것이 올바르게 될 때까지 그 일에 나의 온 정신을 기울인다."

일도 신속하게 처리했을 뿐만 아니라, 노는 모임에도 빠짐 없이 출석하는 것으로 유명했던 어느 프랑스의 장관은 어떻게 그

두 가지를 다 해 낼 수 있느냐는 질문을 받자 이렇게 대답했다. "간단한 일이죠. 오늘 할 일을 내일로 미루지 않는 것입니다."

어느 영국의 정치가는 위의 순서를 뒤집어, "내일로 미룰 수 있는 일을 오늘 하지 말라"는 방침을 세우고 있다. 요즘은 많은 사람들이 프랑스의 장관이 금언으로 삼았던 생활 태도는 거의 망각하고, 내일로 미룰 수 있는 일을 오늘 하지 말라는 태도를 따르고 있다.

이러한 태도를 가진 사람들은 남에게 의존하려는 경향이 있는데, 그것도 대체로 의존할 수 없는 사람들에게 의존하려고 한다. 중요한 일은 자신이 직접 해야 한다. 이런 격언도 있다. "너의 일이 이루어지기를 원한다면 네가 직접 하라."

어느 게으른 시골 신사가 1년에 약 500섬쯤 수확할 수 있는 땅을 가지고 있었다. 빚에 몰려 그는 이 땅의 절반을 팔고 나머지 절반을 어떤 부지런한 농부에게 20년 동안 소작시켰다. 20년이 다 되었을 무렵, 농부는 이 신사를 찾아와 그동안 땅을 빌려 쓴 돈을 갚으며 땅을 자기에게 팔지 않겠느냐고 묻는 것이었다.

"자네가 그 땅을 사겠단 말인가?" 하고 지주는 놀라서 물었다.

"그렇습니다. 값만 합의가 된다면." 이 말을 듣고 지주는 말했다. "참 이상한 일이군. 나는 그 갑절의 땅을 가지고 있고 소작료를 물지 않는데도 생활이 안 되었는데, 자네는 해마다 나에게 200섬씩을 갖다 주고서도 그 땅을 살 수 있다니, 어찌 그렇게 됐는지 말 좀 해 보게."

농부의 대답은 다음과 같았다. "이유는 간단합니다. 나리는 가만히 앉아서 '가 보게.' 라고 하셨지만, 저는 직접 제가 일어나서 '자, 일하러 가자.' 고 했던 것입니다. 나리는 자리에 누워 땅에서 들어오는 수확을 즐기셨지만, 저는 아침에 일찍 일어나서 제 손으로 일을 했던 것입니다."

▶ 시간 낭비는 마음의 잡초를 기른다

어떤 젊은이가 좋은 지위를 얻은 후 월터 스콧 경에게 충고의 말을 해 달라고 부탁했다. 그러자 스콧 경은 다음과 같은 내용의 서신을 보냈다.

"시간을 낭비하지 않도록 조심하시오. 빈둥거리는 것은 최악의 결과를 불러올 것이오. 그러므로 그대는 '이제 그만!'을 좌우명으로 살아야 하오. 해야 할 일은 즉각 할 것이며, 일한 다음에 놀아야지 일하기 전에 놀아서는 안 되오. 한 연대가 행진할 때 앞에 가는 사람들이 정지 없이 착실하게 움직이지 않으면 뒤에서 혼란이 생기기 쉽소. 사업도 마찬가지요. 처음에 할 일을 즉각 착실히 하지 못하면 다른 일들이 밀리고 마침내는 일이 한꺼번에 밀어닥치게 되는 것이오. 이렇게 되면 머리가 어지러워져 그 혼란을 견디지 못하게 될 것이오."

시간의 가치를 올바르게 인식하면 민첩하게 행동할 수밖에 없다. 이탈리아의 어느 철학자는 시간을 자기의 재산이라고 말하였다. 이 시간이라는 재산은 경작 없이는 가치 있는 생산을 할 수 없지만, 올바르게 경작하기만 한다면 근면한 사용자의 노력에 반드시 보상을 주게 마련이다. 황폐한 채로 내버려두면 해로운 잡초와 기타 여러 가지 좋지 못한 것들만 가득 자랄 것이다.

빈둥거리는 시간 없이 성실히 일하면 좋은 일들이 많이 생기는데, 그 중의 하나가 위험한 일을 면할 수 있다는 것이다. 지독하게 게으른 정신은 악마의 작업장이요, 게으른 사람이야말로 악마가 의지할 수 있는 사람이기 때문이다.

바쁘다는 것은 말하자면 집에 사람이 살고 있다는 것이고, 빈둥거린다는 것은 집이 비어 있다는 것이다. 상상의 문이 열려 있으면 유혹이 침입하기 쉽고, 그리하여 좋지 않은 생각들이 떼지어 몰려오는 것이다.

바다 사람들의 생활을 보더라도 선원들이 불평하고 반란을 일으키기 쉬운 때가 가장 일이 없을 때라는 것을 알 수 있다. 그러므로 경험 많은 선장은 다른 할 일이 없을 때는 "운이 날 때까지 닻을 닦아라!"라고 명령을 내리곤 한다.

⟫ 하루 15분이 인생의 명암을 가른다

사업하는 사람들은 흔히 "시간은 돈이다"라는 금언을 좋아한다. 그러나 이 말을 한 걸음 더 발전시킨 것이 자기 수양, 자기 발전, 그리고 인격 수양이다. 시시한 일이나 게으름으로 매일 낭비한 한 시간을 자기 발전을 위해 쓰면 몇 년 안 가서 무식한 사람은 유식한 사람이 될 것이요, 그 한 시간을 좋은 일을 하는 데 쓰면 수확이 많은 삶과 가치 있는 선행의 결과를 거두게 될 것이다.

자기 발전을 위해 매일 15분 씩만 노력해도 1년 후에는 무엇인가 달라진 것을 느낄 것이다. 좋은 생각과 정성 들여 쌓은 경험은 그것을 넣어 둘 특별한 장소가 필요한 것도 아니고, 또한 무슨 비용이나 부담이 드는 것도 아니다.

시간을 경제적으로 잘 쓰는 것이 여가를 얻을 수 있는 진정한 방법이다. 이렇게 함으로써 우리는 일에 쫓기는 것이 아니라 일을 완수하고 앞으로 추진해 나갈 수 있는 것이다.

반면에 시간을 잘못 쓰면 밤낮 서두르고 혼란에 빠지고 곤란에 부딪히게 된다. 어물쩍 적당히 인생을 살아가려고 하다가는 결국에는 화를 당하게 마련이다. 넬슨은 이런 말을 한 적이 있었다. "내가 인생에서 성공한 것은 언제나 예정 시간보다 15분 전에 행동을 시작했기 때문이다."

　돈이 다 떨어져야 비로소 돈의 가치를 생각하는 사람들이 있는데, 시간에 대해서도 많은 사람들이 그런 태도를 가진다. 아무 일도 하지 않고 시간을 흘려보내거나 인생의 말년에 가서야 시간을 더 현명하게 써야겠다는 생각을 한다.

　그러나 의욕 없이 빈둥거리는 버릇이 이미 굳어져서, 여태까지 자신을 속박하도록 허용했던 이 버릇의 사슬을 끊을 수가 없는 것이다. 잃어버린 재산은 근면으로 되찾을 수 있고, 잃어버린 지식은 연구로, 잃어버린 건강은 절제나 약으로 되찾을 수 있지만, 잃어버린 사간은 영영 찾을 길이 없다.

▶ 시간관리에 허술한 사람은 성공의 기차에 타지 못한다

시간이 얼마나 귀중한 것인지 깨달았다면 시간을 엄수하는 습관을 들일 수밖에 없다. "시간 엄수는 왕의 품위를 상징해 준다."고 루이 14세는 말했다. 시간 엄수는 또한 신사의 의무이자 사업가의 필수 조건이다.

시간을 잘 지키는 것보다 사람에 대한 믿음을 만들어 주는 것은 없다. 마찬가지로 시간을 잘 지키지 않는 것보다 사람에 대한 믿음을 흔들리게 만드는 것도 없다.

약속을 잘 지켜 당신을 기다리지 않게 하는 사람은 자기의 시간뿐 아니라 당신의 시간도 소중히 여길 줄 아는 사람이다. 시간을 잘 지키는 것은 우리가 삶을 영위하는 속에서 만나는 사람들에게 경의를 표하는 방법의 하나이다.

또한 시간을 지키는 것은 양심의 상징이기도 하다. 시간 약속이란 알고 보면 명백한 계약이기 때문이다. 그러므로 시간 약속을 어기는 사람은 다른 사람의 시간을 부당하게 침범할 뿐 아니라 인간 사이의 믿음을 깨는 것이다.

그래서 시간을 어기는 사람은 어쩔 수 없는 인격의 손상을 입게 된다. 시간에 성실하지 못한 사람은 일에 대해서도 성실하지 못하니까, 중요한 일을 맡길 수 없다는 당연한 결론이 나온다.

워싱턴의 비서가 출근을 늦게 하고 시계 때문에 늦었다고 변명하자, 워싱턴은 차분한 목소리로 이와 같이 말했다.

"그렇다면 시계를 새로 사야지. 아니면 내가 다른 비서를 구하든가."

시간을 소홀히 사용하는 사람은 대개 다른 사람들의 평화와 안락함을 방해하게 마련이다. 뉴캐슬의 공작 체스터필드 경은 다음과 같은 대단히 재치 있는 말을 했다.

"각하께선 오전에 한 시간을 헛되이 보내고는 온종일 그 한 시간을 되찾으려고 애쓴다."

시간을 안 지키는 사람과 상종하는 사람은 누구나 때때로 열이 나고 울화가 치밀게 된다. 상대방이 상습적으로 시간 약속에 늦기 때문이다. 시간을 안 지키는 사람은 늘 빈둥거리고, 반드시 약속 시간이 지난 다음에 나타나고, 기차가 떠난 후에 정거장에 도착하고, 우체국이 닫은 후에야 편지를 붙이는 것이다. 이리하여 일은 혼란에 빠지고, 관계된 사람들은 참기 어려운 지경이 된다.

정해진 시간에 늦는 버릇이 있는 사람들은 성공도 늦게 마련이고, 결국 세상의 버림을 받아 불평만 하는 사람들과 운명을 저주하는 사람들 속에 남게 된다.

▶ 성실에 재치를 겸비해야 지도자가 될 수 있다

큰 사업을 하는 사람은 자기의 계획을 실천하는 데 머리가 빨리 돌아가야 하고 확고한 자세가 있어야 한다. 재치도 또한 중요하다. 비록 이것이 어느 정도는 타고난 재주라 하더라도 관찰과 경험으로 개발시킬 수도 있고 발전시킬 수도 있다.

재치 있는 사람은 올바른 행동 방법을 금방 파악하고, 일단 해보리라 마음을 먹으면 재빠르게 계획을 실천으로 옮겨 결국 성공하게 된다. 많은 사람들을 지휘하는 사람, 예를 들면 군대의 야전 사령관 같은 사람에게는 재치가 특히 중요하며 필수적인 조건이 된다.

장군은 군인으로서뿐 아니라 사업가로서의 재질도 발휘해야 한다. 장군은 비상한 재치가 있고, 사람들의 성격에 대해서도 많이 알아야 하며, 자기가 먹이고 입혀야 할 부하들을 잘 알아야 한다. 그들이 잘 싸워 싸움을 승리로 이끌기 위해 필요한 모든 것을 보급해 주어야 하며, 그 수많은 부하들을 조직적으로 움직일 수 있는 능력도 있어야 한다.

이러한 점에서 나폴레옹과 웰링턴은 다 같이 1급 사업가라고 할 수 있다. 웰링턴 공작은 플랑드르와 네덜란드에 주둔했던 요크 공작과 월모덴 장군 휘하에서 군 경험을 쌓기 시작했다. 이곳에서 그는 일을 잘못 처리하고 장군의 자세가 옳지 못하면 군대의 사기가 떨어진다는 것을 알았다.

군에 들어간 지 10년 후 그는 대령이 되어 인도에서 근무를 했는데, 그의 상관들의 근무 보고서에 의하면 그는 불굴의 정력으로 끊임없이 노력하는 장교였다고 한다. 부대 안의 세밀한 데까지 직접 살피고 부대의 기강을 최고의 수준으로 끌어올리려고 노력을 기울였다.

1799년 해리스 장군은 다음과 같이 웰링턴의 부대를 찬양하였다. "웰슬리웰링턴의 가운데 이름 대령의 연대는 모범 연대이다. 사병의 태도, 규율, 교육, 그리고 질서 정연한 움직임 등이 특히 잘 되어 있다."

그가 이와 같이 보다 더 책임 있는 자리를 맡을 수 있는 자질을 보여 주었기 때문에, 그는 곧 마이소 주인도 남부에 있는 주 수도의 행정 장관으로 임명되었다.

▶ 상식적이고 정확한 판단을 하라

마라타 부족과 싸움이 벌어졌을 때 그는 처음으로 장차 장군이 될 솜씨를 발휘했다. 서른세 살 때, 그는 1,500명의 영국 군인들, 5,000명의 세포이 부족 병정들, 그리고 2만 명이 넘는 마라타 부족의 보병과 3만 명의 기병으로 편성된 군대를 지휘하여 그 유명한 앗사예 전투를 승전으로 이끌었다. 그리고 이 같은 찬란한 승전에도 불구하고, 그의 침착성과 더할 나위 없이 정직한 성격은 조금도 흔들리지 않고 그대로 본래의 자세를 지켰다.

이후 얼마 안 되어 이번에는 행정가로서의 능력을 발휘할 기회가 생겼다. 세린가파탐을 점령한 직후 어느 중요 지역의 사령관으로 임명되자, 그가 맨 먼저 목표를 삼고 힘을 기울인 것이 엄격한 부대 질서와 장병의 규율을 확립하는 일이었다. 승리에 도취되어 모두들 난장판을 벌이고 질서가 엉망이었던 것이다.

"헌병대장을 내게 오라고 해라. 그리고 약탈자들 몇 명을 교수형에 처할 때까지 나의 명령을 대기토록 해라. 이 모양으로는 질서나 안전을 기할 수 없다."고 그는 말했다. 웰링턴의 이와 같은 가혹할 정도의 엄격함은 모든 장병의 두려움의 대상이었으나, 이것이 많은 전투에서 군대를 구해 주는 역할을 했다.

다음으로 그가 힘을 기울인 것은 시장을 다시 개설하여 물자 보급을 원활하게 한 일이었다. 해리스 장군은 총독에게 웰링턴 대령을 격찬하는 서신을 보내어, 그가 수립해 놓은 완전 무결한 규율과 물자 보급에 관한 현명하고도 탁월한 조처로 풍부한 자유 시장이 개설되고 각종 상인들로 하여금 군대를 믿도록 한 능력을 찬양했다.

모든 상세한 면에까지 주의를 기울이고 일일이 파악한 것이 그의 인도 근무 중 가장 두드러진 점이었다. 그가 클리브 경에게 보낸 훌륭한 보고서는 전투의 실제 내용을 상세히 담고 있었다. 이것은 매우 우세한 둔디아 부족 군대가 건너편 둑에 진을 치고 있는 가운데 부대를 지휘하여 툼부드라 강을 건너면서, 또한 부대 장으로서 수천 가지의 조그마한 일까지 염려하면서 쓴 보고서였다는 점에서 주목할 만하다.

이렇듯 눈앞에 벌어지고 있는 일에서 잠깐 벗어나 그와는 전혀 다른 일에 정력을 쏟을 수 있는 것이 그의 뛰어난 점이었다. 이런 경우 그는 아무리 어려운 처지에 있다 하더라도 결코 당황하거나 두려워하는 일이 없었다.

장군감으로 손색이 없는 명성을 떨치고 영국에 돌아오자 웰링턴 경은 즉시 새로운 보직을 받았다. 1808년 포르투갈을 해방시킬 사명을 띤 1만 명으로 편성된 군단이 그의 휘하에 들어오게 되었던 것이다.

　상륙 작전에서 승리를 거두자, 그는 신트라 협약에 서명했다. 그리고 존 무어 경이 세상을 떠나자 새로운 포르투갈 원정군의 사령관으로 임명되었다. 그러나 웰링턴은 반도 전쟁을 치르는 동안 내내 수나 장비에서 적군에 비해 엄청난 열세에 있었다.

　1809년에서 1813년에 이르기까지 그는 휘하에 3만 명 이상의 군대를 거느려 본 적이 없는 데 반하여, 반도에 진을 치고 있는 상대방 프랑스군의 병력은 약 35만 명이었으며, 그것도 대부분이 역전의 용사인 데다 지휘하는 장군들도 나폴레옹 휘하 장군들 중에서 가장 유능한 장군들이었다.

　이런 막강의 군대와 맞서 싸우면서 어떻게 승리를 바랄 수 있었겠는가? 그러나 그에게는 재치와 풍부한 상식이 있어, 곧 이 싸움에서는 뭔가 다른 방책을 써야 한다는 것을 깨닫게 되었다.

　스페인 장군들의 싸움을 보니, 멋모르고 대평야에서 싸움을 걸면 틀림없이 패전하여 지리멸렬이 될 것이 뻔하였다. 그는 누가 보아도 프랑스군과 싸워 이길 만한 능력이 있는 군대를 만들어야 겠다고 생각했다.

이리하여 1809년 사방으로 우세한 프랑스군에 포위되었던 탈라베라의 싸움이 끝난 후 포르투갈로 물러가, 지금까지 마음먹고 있었던 계획을 여기서 실천해 보기로 하였다.

그 계획이란, 한편으로 적군과의 모든 교전을 피하여 패전의 위험을 모면하면서, 포르투갈군에 영국군 장교를 배치하여 새로운 조직을 하고 전투시 영국군과 협동해서 싸우는 방법을 가르치는 것이었다. 이렇게 하면 빨리 승리하고자 하는 프랑스 군인들의 사기가 떨어질 것이기 때문에, 적군의 사기가 완전히 떨어졌을 때 전력을 기울여 덮쳐 보자는 것이었다.

◗ 비범한 지도력은 약한 병사도 강한 병사로 바꾼다

웰링턴 경이 영원히 사람들 머리에서 잊혀지지 않을 이 싸움을 통하여 보여 준 그 비상한 능력은 그의 전투 보고서를 자세히 읽어 보아야 올바르게 이해할 수 있다. 이 보고서에는 그가 싸움을 승리로 이끈 여러 가지 방법과 수단이 사실 그대로 기록되어 있다.

사실 이때의 웰링턴처럼 곤란과 반대의 시련을 겪은 사람도 없을 것이다. 그가 구해 주려고 간 민족의 이기주의, 비겁함과 허영에 못지않게, 당시 영국 정부의 우매함, 부정직, 음모 등으로 그는 지극히 어려운 처지에서 전투를 수행해야만 했다. 그러므로 아무리 큰 실망 속에서도 버리지 않았던 그 자신의 굳은 의지와 자립 정신으로 스페인 전쟁을 지탱해 나갔다고 말할 수 있다.

나폴레옹의 우세한 군대와 싸우는 동시에 스페인의 의회와 포르투갈의 섭정 정권을 억제하는 일도 해야 했다. 또한 군대를 먹일 식량과 입힐 의복을 확보하느라 심한 곤란을 겪었다.

웰링턴 경은 이와 같은 괴로움을 숭고한 인내와 자제로써 참으면서, 배은망덕과 배반, 그리고 반대에 부딪혀도, 불굴의 굳은 의지로 꾸준히 자기의 소신을 밀고 나갔다. 그는 무슨 일이나 소홀히 넘기는 법이 없었고, 중요한 일은 그 상세한 면에 이르기까지 자기 자신이 직접 처리했다.

군대를 먹일 식량을 본국 정부에서 보내지 않아 자력으로 이것을 확보하지 않을 수 없게 되자, 리스본에 있는 영국 대사와 협동하여 옥수수 장사를 시작했다. 병참부 지폐를 만들어 이 지폐로 지중해와 아메리카의 여러 항구에서 곡물을 사들였다. 이렇게 해서 군대의 보급 창고를 가득 채운 다음, 나머지는 식량 부족으로 허덕이는 포르투갈 사람들에게 팔았다.

그는 어떠한 일이나 우연에 맡기는 경우가 없었으며, 모든 위급 상황에 대비하고 있었다. 극히 작은 일에까지 주의를 기울였고, 때때로 군화, 야전용 솥, 비스킷, 말을 먹일 꼴 같은, 장군이 참견하기에는 시시한 사항에도 온 정력을 집중하곤 했다.

그의 훌륭한 사업 능력은 군대의 각 구석구석에서 효과를 발휘하여, 모든 위급 상황에 대비하고 모든 상세한 일에까지 직접 주의를 기울인 것이 기초가 되어 후일 위대한 성공을 얻을 수 있었던 것이다. 이러한 방법으로 그는 경험 없는 소집 군인으로 구성된 군대를 유럽 제일의 군대로 만들었으며, 이 군대를 이끌고 어디 가서 무슨 일이라도 하겠노라고 선언했던 것이다.

아무리 열중하고 있는 일이라도 그 문제를 떠나 전혀 다른 일의 상세한 면까지 정력을 집중시킬 수 있는 능력이 그에게 있었다는 이야기는 이미 했다. 웰링턴은 한창 전투가 벌어지고 있는 산 크리스토발의 고지에서 포르투갈 은행을 개설하는 것이 어리석은 이유를 설명했고, 부르고스의 참호 속에서 푼샬의 재정 계획서를 검토하여 교회 재산을 매각하려는 계획이 우매한 짓이라고 말했다고 한다. 마치 군대 조직의 상세한 면까지 알고 있듯이, 그는 군대 밖의 일에 대해서도 잘 알고 있었던 것이다.

사업가로서의 본받을 만한 자질을 보여 준 그의 또 하나의 특징은 바로 철저한 정직이었다. 프랑스의 술트 장군은 스페인에서 매우 값나는 그림들을 많이 훔쳐갔으나, 웰링턴은 단 한 번도 남의 재산을 자기 것으로 착복한 것이 없었다.

어디서든, 심지어 적국에 있을 때에도 그는 지불할 돈은 다 지불했다. 4만 명의 스페인 사람들을 뒤따르게 하고 프랑스의 국경을 넘었을 때, 이 스페인 사람들이 자신들 주머니를 채우려고 약탈을 일삼자 웰링턴은 먼저 그들의 장교들을 나무랐다. 그러나 아무리 해도 이것을 막을 수 없다는 것을 알자 이들을 다시 스페인으로 돌려보냈다.

프랑스 영토 안에서도 농부들은 오히려 자기네 프랑스 군인들을 피하여 귀중한 재산을 가지고 영국군의 보호 지역 내로 들어왔다는 것은 주목할 만한 일이 아니겠는가. 바로 이때 웰링턴은 본국 내각에 다음과 같은 서한을 보냈다.

"우리는 현재 엄청난 빚을 지고 있습니다. 본인은 빚의 반환을 요구하는 채권자들 때문에 꼼짝 못하고 본부에 갇혀 있습니다."

이런 웰링턴의 인격에 대해 줄즈 모렐은 이와 같이 말한다.

"이러한 것을 인정하는 자세보다 더 위대하고 고귀하고 창조적인 것은 없다. 30년이라는 긴 세월에 걸쳐 군을 위해 복무한 이 노병, 적지에서 대군을 거느리고 싸운 이 강철 같은 승리의 장군이 채권자들을 두려워하다니! 일찍이 정복자이자 침공자가 이런 일 때문에 걱정한 예가 없었을 것이며, 어떠한 전사를 보아도 이와 같이 숭고한 정신은 발견할 수 없을 것이다."

그러나 웰링턴으로서는 위대하거나 고귀하게 이 일을 처리하려고 한 것은 아니었다. 다만 자기가 맡은 일을 충실히 명예롭게 수행하는 것이 착실하게 빚을 갚아 나가는 것이라고 생각했을 것이다.

▐▶ 정직은 최상의 방책이다

매일의 생활 경험을 통하여 우리는 "정직이 최상의 방책이다."라고 하는 옛 금언이 옳은 말임을 알게 된다. 정직과 성실은 다른 모든 일에 있어서처럼 사업에 있어서도 성공의 중요한 요건이다.

휴 밀러의 유능한 삼촌은 늘 그에게 다음과 같은 충고를 하곤 했다.

"너의 이웃 사람과 거래를 할 때면 후한 면을 보여 주어라. 넉넉하게 수북이 담아 흘러 넘치도록 해라. 이렇게 해도 결국에는 손해가 없을 것이다."

어느 유명한 맥주 회사 사장은 자기가 성공한 것은 누룩을 아끼지 않고 많이 썼기 때문이라고 했다.

아마도 장사는 다른 어떤 직업보다도 양심을 지키기 힘든 유혹이 많을 것이다. 장사하는 사람은 정직, 극기, 정의, 그리고 진실성에 대하여 극심한 시련을 받게 된다. 그러므로 이러한 시련을 겪은 사람들은 전투의 총화銃火와 위험 속에서 용기를 입증한 군인들처럼 위대한 명예를 얻을 만한 가치가 있다. 그리고 여러 가지 종류의 장사에 종사하는 수많은 사람들은 대체로 이 시련을 고상한 정신으로 견디어 나가고 있다는 점을 우리는 인정해야 한다.

자신은 별로 가진 것이 없이 매일같이 거액의 돈을 취급하고 있는 대리점 주인, 중개업자, 은행원 같은 사람들을 생각해 보라. 매일 그들의 손에서 손으로 오가는 수많은 돈이 정직하게 주인에게 돌아가고 있다는 사실을 보아도, 정직이야말로 인간 생활 중에서 가장 명예로운 것임을 알 수 있다.

사업가들은 신용 제도가 있어 또한 서로 믿고 거래하고 있는 것이다. 그 바탕은 주로 명예를 지키는 데에 있는 것이며, 일반 거래에서도 놀라울 정도로 이것이 잘 실행되고 있다.

▶ 풍요의 비는 정직한 사람에게 내린다

서민들은 대체로 생활 속에서 정직하게 살고 있고, 각자의 직업에서도 정직하게 일하고 있다. 그러나 졸지에 거부가 되려는 야욕으로 염치없고 이기적인 사람들의 부정직한 행동과 사기 행위 또한 불행히도 너무 많이 있다.

상품에 좋지 않은 물건을 섞는 상인들, 계약한 일을 허술하게 해치우는 청부업자들, 양모 대신 재생한 털, 면포 대신에 붕대, 강철 대신에 주철 도구, 귀 없는 바늘, 날림 면도칼, 그리고 여러 가지 모양의 사기성 직물 등을 생산하는 생산업자들이 있다.

그러나 우리는 이러한 것을 천하고 욕심 많은 사람들의 특수한 경우라고 생각해야 하며, 비록 이들이 부를 얻는다고 해도 아마 그 부를 즐기지는 못할 것이란 점을 기억해야 한다. 그들은 결코 정직한 사람이 되지 못할 것이며, 마음의 평화도 영영 얻지 못할 것이다.

어느 칼 장수가 1페니 짜리의 칼을 자기에게 2페니에 판 사실을 알았을 때, 주교 레티머는 다음과 같이 말했다. "그 악한은 나를 속인 것이 아니라 제 양심을 속인 것이다."

구두쇠 짓을 하여 속이고 사기를 쳐서 번 돈은 잠시 동안 생각

없는 자들의 눈을 현혹시킬지 모르나, 이런 염치없는 악한들의 사기는 잠깐 빛나다가 결국엔 드러나게 마련이다. 정직하지 못한 기업은 대부분 비극의 종말을 보게 된다. 설혹 누가 사기를 잘 쳐서 발각이 되지 않아 불의의 소득을 얻는다 해도, 그것은 불행의 근원이지 결코 축복은 아닐 것이다.

꼼꼼할 정도로 정직한 사람은 염치없고 정직하지 못한 사람만큼 빨리 부를 얻지는 못할지 모르나, 사기나 부정 없이 얻은 성공은 보다 더 참다운 성공일 것이다. 그리고 비록 오랫동안 성공을 못 한다 하더라도 우리는 더욱더 정직해야 하며, 모든 것을 다 잃어도 인격만은 지켜야 한다. 인격 그 자체가 하나의 재산이기 때문이다.

만일 고결한 신념을 지닌 사람이 용감하게 자기의 신념을 지켜 나간다면 반드시 성공할 것이고, 최고의 보상도 받게 될 것이다. 워즈워스의 〈행복한 용사〉는 이런 인과관계를 잘 묘사하고 있다.

| 행복한 용사 |

신념을 자각하고
또한 단 하나의 목표를 충실히 추구하며
부귀나 명예, 속세의 출세 따위를
허리를 굽히거나 누워서 기다리지 않는다.
어차피 이들에게 부귀와 명예는 따르게 마련.
만남의 소나기처럼 그들 머리 위에 떨어지리.

제7장

돈을 갖고 싶다면 땀을 흘려라!

▶ 돈은 인격이다

사람이 어떻게 돈을 벌고, 쓰고, 저축하는가를 보면 그 사람이 얼마나 지혜로운 사람인가를 알 수 있다. 비록 돈이 인생의 가장 큰 목표라고는 볼 수 없지만, 돈은 우리가 보는 바와 같이 육체적인 편안함과 복지의 수단으로서 큰 역할을 하는 것이다. 따라서 하찮은 것이라고 고자세로 멸시만 할 수도 없다.

실제로 돈을 사용하는 태도는 인성의 가장 훌륭한 면과 밀접한 관계가 있다. 돈을 올바르게 사용하는 태도를 통해 후한 마음씨, 정직, 정의, 자기 희생, 그리고 절약과 앞날에 대한 준비 같은 것을 엿볼 수 있다.

반면에 당치도 않은 소득을 추구하는 사람들에게서 우리는 탐욕과 사기성과 부정, 그리고 이기심을 볼 수 있다. 또한 맡겨진 돈을 잘못 쓰고 남용하는 사람들에게서는 낭비와 과용과 무계획의 악덕을 볼 수 있다.

깊은 생각이 담긴 헨리 테일러의 〈인생 잡기〉 속에 다음과 같은 현명한 말이 있다.

"그러므로 돈을 벌고, 저축하고, 쓰고, 주고, 받고, 빌려주고, 꾸고, 물려주는 방법과 자세가 올바르다면 그는 완전한 사람이라는 점이 입증될 수 있다."

편안한 생활은 모든 사람이 가치 있는 수단으로 열심히 노력하여 얻어 볼 만한 것이다. 생활이 편안해야 육체가 편안하고, 그래야 사람은 본성을 좀더 낫게 수양할 수 있으며, 집안 식구들을 부양할 수도 있다. 육체적 편안함이 없으면 사람은 이교도보다 나을 것이 없다고 사울 바울도 말했다.

앞날에 대한 대비가 있고 조심성이 있는 사람은 반드시 생각이 깊은 사람이다. 이런 사람은 단지 현재를 위해서만 사는 것이 아니라 앞날을 바라보며 사는 것이다.

존 스털링의 다음과 같은 말은 지당한 말이다. "아무리 잘못 가르쳐도 극기를 가르치는 것은, 다른 모든 것을 가르치고 극기를 가르치지 않는 것보다 낫다."

로마 사람들이 극기란 말을 용기의 뜻으로 쓴 것은 타당한 일이었다. 극기란 용기의 정신적인 면을 말하는 것이기 때문이다. 모든 미덕 중에서 가장 차원이 높은 것이 우리 자신을 이기는 미덕이다.

▶ 장래를 위해 현재의 욕망을 희생시키라

장래의 이익을 위해 현재의 욕망을 희생시키는 것은 우리가 배워야 할 궁극의 것이라고 할 수 있다. 열심히 일하는 사람들은 당연히 번 돈을 소중히 여기겠지만, 버는 대로 먹고 마시는 사람은 결국 이 때문에 무력한 사람이 되어 평소에 근검 절약하는 사람들에게 의존하지 않을 수 없게 된다.

편안하게 자립해서 살 수 있는 충분한 재산이 있는데도 급한 일을 당할 때에 대한 준비가 없어서 고통받는 사람들이 우리 주변에 많이 있다.

노동자를 대표하는 어떤 사람들이 존 러셀 경을 찾아가 노동자에게 부과된 세금에 관하여 의견을 물었을 때, 이 고상한 지도자는 다음과 같이 대답했다.

"정부가 노동자에게 부과한 세금은, 다른 것을 젖혀놓고 그들이 술을 마시는 데 쓰는 돈만큼도 되지 않을 것이오!"

그러나 국회의원 후보자들이 '극기와 자조 정신'을 연설 구호로 내건다면 그다지 환영받지 못할 것이다. 가난한 사람들이 진정으로 자립할 수 있는 길은 개개인의 절약과 앞날에 대한 준비 등을 실천함으로써만 얻어질 수 있는 것이다. 이러한 기본적인 미덕을 오늘날 사람들이 별로 중요시하지 않는다는 것은 걱정스러운 일이다.

제화공으로 철학자가 된 새무얼 드루는 다음과 같이 말했다.

"돈을 절약하고 훌륭하게 관리하는 것은 그릇된 세태를 고쳐주는 최고의 예술이다. 이러한 태도는 의회의 공간을 차지하지 않고도 의회에서 가결된 개혁 법안보다 더 효과적으로 사회의 악들을 시정해 줄 것이다."

소크라테스는 다음과 같이 말했다.

"세계를 움직이려는 사람은 먼저 자기 자신을 움직여야 한다."

사람들은 우리의 조그마한 악습을 고치는 것보다 사회와 국가를 개혁하는 것이 훨씬 더 쉬운 일이라 생각하고 있다. 그러나 나부터 바뀌지 않으면 사회도 국가도 바뀌지 않는다는 것을 명심해야 한다.

▶ 어떻게 사는가는 자신에게 달려 있다

아무런 준비 없이 하루 벌어 하루 사는 사람들은 항상 빈곤한 생활을 면치 못할 것이다. 무력하고 어쩔 수 없는 상태에 빠져, 사회가 어떻게 해 주기를 바라고 세태와 계절의 흐름에 따라 그저 흘러가는 신세가 된다.

이처럼 스스로에 대한 존경이 없는 사람은 남들의 존경도 받지 못한다. 국가에 경제 위기가 닥치면 이런 사람들은 어쩔 수 없이 궁지에 몰린다. 아무리 소액이라도 저축을 해 두었더라면 좋았으련만, 모아 둔 돈이 없으므로 남의 처분에 매달리는 가련한 처지가 되며, 가족의 앞날을 생각하며 걱정에 휩싸이게 되는 것이다.

콥덴은 허더즈 필드의 직공들에게 다음과 같은 말을 했다.

"이 세상은 항상 두 가지 부류, 돈을 저축한 사람들과 다 써 버린 사람들로 나누어집니다. 즉, 절약하는 사람들과 과용하는 사람들로 나누어지는 것입니다. 모든 가옥, 공장, 다리, 선박의 건조, 그리고 인간을 문명화시키고 행복하게 해 준 그 밖의 모든 위대한 업적은 저축하고 절약하는 사람들이 이루어 놓은 것이며, 자기의 재산과 재능을 낭비한 사람들은 항상 이들의 노예 노릇을 했습니다. 이것은 자연의 섭리요, 하느님의 법칙입니다. 앞날에 대한 준비가 없고 게으른 사람들도 출세할 수 있다고 본인이 단언한다면, 본인은 사기꾼에 지나지 않을 것입니다."

1847년, 로치데일에서 직공들을 모아 놓고 브리트가 한 충고의 말도 역시 새겨들을 만하다. 그는 이렇게 말했다.

"현재 차지하고 있는 좋은 자리를 유지할 수 있는 단 하나의 방법, 그리고 현재의 자리가 좋지 않은 것일 때에 보다 더 좋은 자리로 오를 수 있는 단 하나의 방법이 있습니다. 그것은 바로 근면, 검소, 절제, 그리고 정직의 미덕을 실천하는 것입니다. 정신적이거나 육체적인 조건으로 보아 기분에 맞지 않고 만족을 느끼지 못하는 자리에서 보다 더 높은 상태로 오를 수 있는 왕도란 따로 없는 것이며, 그 길은 오직 이러한 미덕의 실천뿐입니다. 여러분들 주변에도 이런 미덕의 실천으로 나날이 향상하고 있는 분들이 많을 것입니다."

가난한 사람들이 명예롭고 존경받지 못할 이유, 그리고 생활 상태가 향상되지 못할 이유는 없다. 과거에는 가난했지만 검소하게 절약하고 노력하여 좋은 환경에서 살게 된 사람도 많이 있다. 물론 대다수가 그렇게 된 것은 아니지만, 몇 사람이 될 수 있는 것이라면 모든 사람들이 될 수 있는 것 아니겠는가?

같은 방법을 쓰면 같은 결과를 얻을 수 있을 것이다. 모든 나라에 매일 노동을 하며 사는 사람들이 있어야 한다는 것은 하느님의 법칙이요, 또한 확실히 현명하고도 정당한 일이다. 그러나 이런 계층의 사람들이 행복하지 못한 것은 하느님의 뜻이 아니라, 오직 인간의 연약함과 방종 때문이다.

몽테뉴는 다음과 같이 말하고 있다.

"모든 도덕 철학은 가장 훌륭한 사람들뿐 아니라 보통 서민의 생활에도 적용될 수 있다. 인간 생활의 모든 형태 가운데 어떤 형태로 사는가는 본인 자신에게 달려 있는 것이다."

▶ 절약은 자조정신의 최고 표현이다

잠깐 앞날을 생각해 보자. 우리가 대비해야 할 세 가지 중요한 일은 무엇인가. 바로 실직, 질병, 그리고 죽음이다. 이 세 가지는 예고 없이 우리 앞에 닥쳐오는 것들이기 때문이다. 그 중 실직과 질병은 피할 수 있는 것이지만 죽음은 어쩔 수 없는 것이다.

그러나 신중한 사람이라면 생활을 규모 있게 하고 철저히 준비를 하여 이런 일이 일어날 경우, 자기 자신뿐 아니라 가족들을 위해서도 최소한도로 고생의 정도를 줄여야 한다.

이런 관점에서 볼 때, 정직하게 돈을 벌고 돈을 절약해서 쓴다는 것은 대단히 중요한 일이다. 정직하게 돈을 번다는 것은 참을성 있게 끊임없이 노력했다는 상징인 동시에, 유혹을 물리치고 희망과 보답을 받았다는 증거이다. 또한 올바르게 돈을 쓴다는 것은 앞날에 대한 신중한 계획과 인격의 기초가 되는 극기를 실천했다는 표시이다.

돈을 버는 목적은 숭고한 것에서부터 유치한 것에 이르기까지 여러 가지 목적이 있겠지만, 돈 그 자체는 대단히 귀중한 것들을 대표하고 있는 것이다. 즉, 돈은 식량, 의복, 집안의 평안뿐 아니라 개인의 자존심과 자립을 지켜 주는 것이기 때문이다.

그러므로 저축은 일하는 사람들에게 어느 때인가 닥쳐올지 모르는 결핍에 대비할 방패와 같은 것이다. 이것을 발판으로 사람들은 희망을 갖고 보다 더 나은 시절이 올 때까지 기다릴 수 있기 때문이다.

사회에서 보다 더 확고한 자리를 차지하려는 노력으로 사람은 보다 더 강하고 보다 더 나은 사람이 될 수 있다. 또한 이러한 노력은 우리에게 보다 더 큰 행동의 자유를 주고, 앞날의 노력을 위한 새로운 힘을 길러 주는 것이다.

그러나 항상 결핍 속에서 헤매고 있는 사람은 사실 노예나 다름없다. 이런 사람은 자기 일을 자기가 처리하지 못하고 언제나 남의 구속을 받게 되며, 남이 제시하는 조건을 받아들일 수밖에 없는 처량한 처지에서 산다. 따라서 사람이 비굴해질 수밖에 없다. 얼굴을 쳐들고 정면으로 세상을 대할 수 없기 때문이다. 그리고 역경에 처하면 남의 도움이나 빈민 구호금에 매달리는 신세가 된다.

자립을 얻는 데 필요한 것은 오직 절약의 실천뿐이다. 절약을 실천하는 데는 남다른 용기나 특출한 미덕은 필요치 않다. 보통의 정력과 심지만 있으면 된다. 절약이란 돈을 올바르게 관리하고, 신중하게 쓰고, 낭비하지 않는 것이다.

하느님께서는 다음과 같은 말씀으로 절약의 정신을 표현하셨다. "아무것도 잃은 것이 없도록 남아 있는 부스러기를 모아라."

전능의 힘이 있으신 하느님께서도 조그마한 것들을 소홀히 하지 않으셨던 것이다. 그리고 그것을 우리에게 가르쳐 주는 까닭은 이러한 절약 정신이 세상 사람 모두에게 대단히 필요한 것이기 때문이다.

절약은 인색과는 전혀 다른 것이다. 절약을 통해서 인간은 너그러움을 발휘할 수 있기 때문이다. 절약은 돈을 우상으로 섬기는 것이 아니라, 쓸모 있는 심부름꾼으로 부리는 것이다.

우리는 돈을 떠나서는 살 수 없으나 돈이 숭배의 대상이 되어서는 안 된다. 절약은 말하자면 신중의 딸이요, 절제의 누이동생이고, 한편으로는 자유의 어머니라고 할 수 있을 것이다. 절약을 통해 우리의 인격과 가정의 행복과 사회의 복지가 유지된다. 요컨대 절약이야말로 자조 정신이 최고로 표현된 것이다.

▶ 분수를 지키되, 구두쇠는 되지 말라

모든 사람은 자기의 수입 한도 내에서 살아나가야 한다. 이것을 실천하는 것이 바로 정직의 근본이다. 정직하게 자기의 분수에 맞게 살지 않으면, 남에게 의존하는 부정적인 생활을 하게 되기 때문이다.

돈의 지출에 대해서 조심성이 없고, 남의 안락은 아랑곳없이 자신의 만족만을 생각하는 사람들은 대체로 때가 늦어서야 돈의 참다운 가치를 알게 된다. 이들은 시간과 돈을 낭비하고, 앞으로 들어올 돈을 예상하여 외상으로 물건을 사곤 하는데, 이러다가 마침내는 산더미 같은 빚에 몰려 마음대로 행동할 수 없는 처지가 되는 것이다.

생활이 궁핍하다고 하여 하찮은 수입을 얻으려고 하는 것보다 조금씩 저축하는 편이 더 낫다는 것이 베이컨의 금언이었다. 많은 사람들이 아무 생각 없이 푼돈을 막 써 버리는데, 사실은 이런 푼돈이 재산과 생활 자립의 기초가 될 수 있는 것이다.

낭비하는 사람들의 최악의 적은 바로 자기 자신이다. 그런데 이렇게 낭비하는 사람들은 세상이 불공평하다고 투덜거리는 경우가 많다. 스스로가 자기 자신의 친구가 되지 못하면서, 어찌 남들이 자기의 친구가 되어 주기를 바랄 수 있겠는가?

규모 있게 생활을 해서 보통 정도의 재산을 가진 사람들을 보면, 주머니에 항상 남들을 도와줄 수 있는 여분의 돈이 있다. 그러나 가지고 있는 돈을 몽땅 다 써 버리는 조심성 없고 방탕한 사람들은 한 번도 누구를 도와주는 일이 없다.

그러나 구두쇠같이 돈을 움켜쥐고 있는 것은 올바른 절약이 아니다. 생활과 상거래에서 옹졸하게 처신하는 것은, 앞을 내다보지 못하는 행동이다. 결국 이러한 행동은 자신에게 좋지 않은 결과를 가져오기 때문이다.

"졸장부는 결코 큰 사람이 되지 못한다."는 말이 있다. 아량과 너그러움이 결국은 정직처럼 최상의 방책인 것이다.

▸ 빚은 사람을 노예로 만든다

속담에 "빈 자루는 똑바로 서지 못한다."는 말이 있듯이, 빚을 진 사람은 올바른 생활을 할 수 없다. 빚을 진 사람은 또한 진실된 생활도 할 수 없다.

거짓말과 빚은 늘 함께 다니는 것이라고들 말한다. 빚진 사람은 빚진 돈을 갚는 날짜를 늦추기 위하여 채권자에게 뭔가 구실을 대야 하니, 거짓말을 꾸며 대지 않을 수 없다.

전혀 빚이 없는 사람이 애당초 빚을 안 지고 살겠다는 결심을 하기란 쉬운 일이다. 그러나 한 번 쉽게 남의 돈을 얻어 쓴 사람은 또 다시 얻어 쓰고 싶은 유혹에 빠지는 것이며, 이렇게 해서 빚이 많이 쌓인 사람은 나중에 아무리 근면하게 일을 해도 이 빚에서 벗어날 수 없다.

빚에 한 걸음 발을 들여놓는 것은 허위 속에 한 걸음 발을 들여놓는 것과 같다. 계속 같은 길을 걷지 않을 수 없게 되어, 잇따라 빚을 지고, 잇따라 거짓말을 하게 된다.

화가 헤이든은 자기가 처음으로 남에게서 돈을 꾼 날부터 집안이 기울어지기 시작했다고 말했다. 그는 "돈을 꾸는 사람은 슬픔의 길을 걷는다."는 격언의 진실성을 깨달은 것이다. 그의 일기장에는 다음과 같은 의미심장한 글이 실려 있다.

"이날 나는 빚을 지기 시작했다. 내가 살아 있는 동안 나는 이 빚에서 영영 벗어나지 못할 것이다."

금전 문제로 곤란한 상황이 되면 얼마나 심한 마음의 고통을 받는 것인지, 그리고 그 때문에 일을 제대로 못하게 되고, 항상 되풀이되는 굴욕감 속에서 살아야 하는 사정을, 그의 자서전을 보면 뼈저리게 느낄 수가 있다. 해군에 입대하는 어느 청년에게 그는 다음과 같이 충고하였다.

"남의 돈을 꾸어야만 얻을 수 있는 즐거움은 결코 얻을 생각을 하지 말게. 남에게서 돈을 꾸지 말게. 그것은 결국 사람의 품위를 떨어뜨리게 되네. 은행돈 같은 것을 빌려 쓰지 말라고까지는 말하진 않겠지만, 그것도 나중에 갚을 자신이 없으면 빌려 쓰지 않도록 하게. 어떠한 일이 있어도 개인돈만은 꾸어 쓰지 말게."

존슨 박사는 초년의 빚은 파멸의 근원이라고 주장했다. 이 문제에 관한 그의 말은 명심해 둘 만하다.

"빚을 지는 것을 단지 남에게 폐가 되는 일이라고만 생각하지 마십시오. 머지않아 빚이 일종의 재난이라는 것을 알게 될 것입니다. 빈곤은 선행을 할 수 있는 수단과 악에 저항할 수 있는 능력을 빼앗아가므로 모든 방법을 써서 피해야 합니다.

그러니 무엇보다도 어느 누구에게나 빚을 지지 않도록 조심하시오. 가난한 사람이 되지 않겠다는 굳은 결의를 하십시오. 그러자면 얼마의 돈이든 아껴 써야 합니다. 빈곤은 인간 행복의 큰 적입니다. 빈곤은 틀림없이 자유를 파괴하고 미덕을 실천할 수 없게 하며, 이 밖의 모든 일이 빈곤으로 인해 곤란을 겪게 되는 겁니다.

근검절약은 평화로운 생활의 기초일 뿐 아니라 자선의 원천이기도 합니다. 자기 자신을 돕지 못하는 사람이 남을 도울 수 없는 것입니다. 자기가 충족해야 남에게 나누어 줄 수도 있는 것입니다."

누구나 자기가 하고 있는 일들을 정신 차려 살피고, 금전의 수입과 지출은 일일이 기록해 두어야 한다. 수입과 지출을 간단히 적어 두면 이것이 후일 대단한 가치를 발휘할 것이다.

신중한 사람이라면 생활 수준을 자기의 경제력 이상으로 잡지 않고 조금 아래로 잡아야 한다. 이러한 생활은 평상시에 수입과 지출이 맞도록 생활을 해야만 가능하다.

존 로크는 다음과 같은 생활 태도를 강력히 권장했다.

"자기가 하고 있는 일의 회계를 항상 정상적으로 해 두는 것이 사람의 욕망을 적당히 조절하는 최상의 방법이다."

웰링턴 공작은 금전의 수입과 지출을 늘 정확하고 상세하게 기록해 두었으며, 다음과 같은 말을 했다.

"나는 나에게 온 청구서는 내가 직접 가서 지불하기로 하고 있다. 또한 나는 내 주변에 있는 모든 사람들에게 이것을 권하고 있다. 전에는 내가 믿는 하인을 시켰는데, 어느 날 아침 1, 2년 전에 다 정산한 청구서를 다시 받고부터는 하인을 시키는 어리석은 짓은 안 하기로 한 것이다. 하인 녀석이 그 돈을 가지고 노름을 하고서는 갚지 않았던 것이다."

그리고 빚에 대해서는 "빚은 사람을 노예로 만든다. 나도 가끔 돈이 떨어진 일은 있었지만 결코 빚을 져 본 적은 없다."고 견해를 밝히고 있다.

워싱턴도 세밀한 일 처리에 있어서는 웰링턴만큼 까다로운 사람이었다. 미국의 대통령이라는 높은 자리에 있으면서도 자기의

수입 한도 내에서 살겠다는 굳은 결심을 하고, 가정에서 쓰는 조
그마한 비용까지 꼼꼼하게 따졌다는 것은 주목할 만한 사실이다.

► 실속 없는 유행과 체면을 따르지 말라

조지프 흄이 하원에서 영국 사람들의 생활 수준이 너무 높다는 말을 했을 때, 동료 의원들은 그를 비웃었지만 이것은 과연 정곡을 찌른 말이었다. 중산층 사람들이 비록 그들의 수입 이상의 수준으로 살지는 않는다 하더라도, 시대의 풍조에 따라 사느라 한 푼도 남기지 않고 쓰는 경향이 있었으니 말이다.

이러한 경향이 사회에 끼치는 영향은 대단히 나쁜 것이다. 부모들은 아이들을 최고로 키우려는 야망이 대단하지만, 그러다가 오히려 아이들을 망치는 수가 많다. 이렇게 자라난 아이들은 옷, 유행, 사치 따위에만 신경을 쓰게 된다.

그러나 이러한 것은 진정한 인격과 능력을 갖추기 위해 꼭 필요한 것이 아니다. 이러한 젊은이들은 때로 갑판 위에 원숭이 한 마리만 남은 채 바다에서 발견되는 빈 선체와도 같은 것이다.

사람들은 정직을 버리면서까지 체면을 차리려고 하며, 부자가 아니면서도 부자인 체하려고 한다. 한낱 속된 겉모양으로 비록 가장 천박한 의미에서라도 이른바 '존경'을 받으려 한다. 하느님께서 우리에게 맡기신 생업을 참을성 있게 해 나갈 용기는 없이, 어리석게도 세상의 유행에만 따라 살려고 하고, 실속 없이 체면을 차리려고 하는 이 사회의 허영에 물들어 있다.

　사회라고 하는 원형 경기장의 앞자리를 차지하려고 서로 숨가
쁘게 싸우는 속에서 모든 고상한 극기의 결심은 짓밟히고, 인간
이 지니는 많은 훌륭한 면은 어쩔 수 없이 짓눌려 사라지게 된다.
겉만 번지르르한 세속적인 성공으로 남의 눈을 현혹시키려는 야
망에서 생기는 낭비와 파산이 실로 엄청난 것임은 일일이 설명할
필요도 없다.

　그 해로운 결과는 수많은 면에서 나타난다. 예를 들면 가난을
숨기고 부정직한 짓을 하는 고약한 협잡꾼이나, 필사적으로 일확
천금을 노리는 사람들이 생기는 것이다. 사실 이런 경우 불쌍한
사람은 실패하는 장본인이라기보다 죄 없이 함께 망하게 되는 가
족들인 것이다.

▶ 우유부단은 파멸의 지름길이다

찰스 네이피어 경은 인도 주둔군 최고 사령관의 자리를 떠나면서 대담하고도 정직한 마지막 장군 명령서를 장교들에게 공표했는데, 그 명령서의 내용은 부대 내의 젊은 장교들의 방종한 생활을 나무라며, 이런 생활을 중지하지 않으면 필경 수치스런 빚을 지게 된다는 것이었다.

찰스 경은 이 유명한 명령서를 통하여 다음과 같은 점을 강력히 지적했다.

"정직은 교양 있는 신사의 인격과는 불가분의 것이다. 돈을 안 내고 샴페인과 맥주를 마시거나, 돈을 안 내고 말을 타는 것은 사기꾼이 할 일이지 결코 신사가 할 일이 아니다."

분에 맞지 않게 돈을 쓰고 지나치게 사치스런 생활을 하다가 하인들에게 빚을 지고 민사법원과거 영국에서 소액의 채권 문제만을 취급하던 법원에 출두하게 되는 자들은, 임관을 했으니 장교일지는 모르나 절대로 신사는 아니었다.

항상 빚을 지고 살게 되면 신사로서의 도리를 잃게 되는 것이라고 최고 사령관은 주장했다. "전투만 잘한다고 장교가 아니다. 싸움은 불독도 잘하는 것이다. 그러나 한 번 말한 것을 어기지 않고 지켰는가, 빚을 갚았는가 하는 것이 진정한 신사이자 군인의 이름을 빛내 주는 명예로운 점이다."라고 그는 말했다.

젊은이는 인생을 살아가는 동안 양쪽에 유혹이 줄지어 있는 길을 걸어야 한다. 이 유혹에 빠지면 필연적으로 생기는 결과란 크건 작건 품위의 추락이다. 유혹과 접촉하다 보면 하느님께서 주신 타고난 훌륭한 성질의 섬광이 자기도 모르게 조금씩 떨어져 나간다.

그러므로 이러한 유혹을 물리치는 유일한 방법은 사내답게 단호히 '나는 못 한다' 하고 이것을 끝까지 지켜나가는 것이다. 이것저것 생각하거나 따질 것 없이 결단을 내려야 한다. 결단을 내리지 못하는 젊은이는 패배하게 마련이기 때문이다.

많은 사람들이 결단을 내리지 못하고 괜히 이것저것을 생각하는데, 결단을 내리지 못한다는 것은 결국 허물어진다는 뜻이다. "우리를 유혹에 빠지지 말게 하옵소서."라는 기도문 속에 인간이 배울 완전 무결한 가르침이 있다.

그러나 유혹은 항상 젊은이의 인내력을 시험한다. 일단 유혹 앞에 굴복하면 저항력은 점점 더 약해진다. 한번 굴복하면 미덕한 가지가 떨어져 나간다. 그러니 남자답게 물리쳐라. 그러면 이 첫 번째 결단이 일생 동안 힘을 주고 이것이 반복되는 속에 아주 습관이 되고 말 것이다.

도덕적인 행동의 가장 중요한 부분을 형성하는 것은 바로 좋은 습관이다. 좋은 습관은 인간의 수많은 사소한 행동으로 은근히 스며들어가는 것이기 때문이다.

▶ 때로는 자신의 행동을 뒤돌아보라

휴 밀러는 고생하며 사는 사람들에게만 있을 수 있는 어떤 강한 유혹을 청년다운 결단으로 물리쳐 결국 이 유혹에서 자기 자신을 구출해 낸 이야기를 했다.

그가 석공으로 일하고 있을 때였다. 그는 가끔 동료들끼리 서로 술대접을 하는 경우가 있어 어느 날 위스키 두 잔을 마신 적이 있었다.

집에 돌아와 그가 좋아하는 책 〈베이컨 수필집〉을 읽으려고 펴 보니, 인쇄된 글자가 눈앞에서 춤을 추고 도저히 정신을 차릴 수 없었다. 그는 이때의 상황을 이와 같이 말한다.

"이런 상태가 바로 타락의 상태로구나 하는 생각이 들었다. 나는 이 순간 다시는 술 마시는 버릇 때문에 나의 지적 능력을 희생시키지 않으리라 결심했다. 그리고 하느님이 도와주신 덕으로 이 결심을 지킬 수 있었다."

이와 같은 결심이 종종 한 사람의 인생에 전환기를 마련해 주는 것이며, 이것이 또한 앞으로의 인격에 기초가 되는 것이다. 만일 휴 밀러가 적당한 때에 해로운 것을 피하려고 도덕적인 힘을 쏟지 않았더라면, 그는 악습에 부딪쳐 난파되었을지도 모른다.

술을 마신다는 것은 돈을 낭비하는 것일 뿐만 아니라, 젊은이들의 길에 놓여 있는 가장 나쁘고 치명적인 유혹이다. 월터 스콧은 늘 "모든 악덕 중에서도 위대함과 가장 양립할 수 없는 것이 음주이다."라고 말했다. 음주는 그뿐 아니라 절약, 품위, 건강, 그리고 정직한 생활과도 양립할 수 없다.

억제할 수 없다면 삼가야 한다. 그러나 나쁜 습성과 힘껏 싸워 이기려면, 대충 해서는 안 된다. 단순한 결심도 어느 정도는 효과가 있을지 모르지만, 이보다는 좀더 높은 행동 기준을 세워서 나쁜 습관을 버리려고 노력해야 하며, 동시에 생활의 원칙을 더욱 강화하려고 노력해야 한다.

이를 실천하기 위해 젊은이들은 늘 자기 자신을 살피고 자기의 발걸음을 지켜보고 사고와 행동이 과연 자기가 세운 규칙과 일치하고 있는지 뒤돌아보아야 한다. 자기 자신에 관해서 많이 알면 알수록 그만큼 겸손해질 것이고, 아마도 자기의 힘에 대해 과신하지 않게 될 것이다.

앞으로 보다 더 크고 보다 더 높은 만족을 얻기 위하여 오늘의 조그마한 욕망을 물리치는 것은 언제나 항상 귀중한 것이다. 이것은 스스로를 단련하는 가장 고상한 방법이다.

진정한 영광은
말없이 우리 자신을 극복하는 데서 생기나니
이것 없이는 정복자도
오직 노예나 다름이 없다.

❯ 지혜는 루비보다 낫다

돈을 버는 굉장한 비결을 전달해 준다는 책들이 많이 출판되어 인기를 끌었다. 그러나 다음과 같은 여러 나라의 격언이 충분히 입증해 주는 바와 같이, 돈을 버는 데는 무슨 비결이 있는 것이 아니다.

  "푼돈을 소중히 하면 큰돈은 저절로 모인다."
  "근면이 행운의 어머니다."
  "수고 없이 소득 없다."
  "땀 흘리지 않으면 즐거움이 없으리."
  "일하라, 그러면 얻는 것이 있으리라."
  "세상은 인내하고 근면한 자의 것이니라."
  "새벽에 빚을 지느니 저녁을 굶고 잠자리에 드는 편이 나으리
   라."

이러한 격언들은 모두 여러 세대에 걸쳐 축적된 인간 경험을 구체적으로 표현해 주는 것들로, 절약해야 부자가 될 수 있다는 점을 말해 주고 있다. 이런 격언은 책이 나오기 오래 전에 이미

사람들의 입에서 입으로 전해진 것이며, 널리 퍼져 있는 다른 격언들과 같이 살아가는 데 진리가 되고 있다.

솔로몬의 다음과 같은 금언들은, 근면의 힘과 돈의 올바른 사용과 남용에 관하여 지혜로운 충고로 충만되어 있다.

"일에 늘보 노릇을 하는 자와 엄청나게 낭비하는 자는 형제간이다."

"게으른 자여, 개미의 생활 방법을 보고 현명한 길을 따르라."

"빈곤은 나그네와 같이 게으른 자에게 닥쳐와 무장한 악한처럼 못살게 구는 것이다."

그리고 근면하고 정직한 사람에 관해서 이렇게 말하고 있다.

"근면한 사람은 자기의 노력으로 부자가 된다."

"주정뱅이와 대식가는 가난하게 되고, 일하지 않는 자는 누더기를 입게 된다."

"자기 일을 부지런히 하는 사람을 보았는가? 그런 사람은 왕 앞에서도 부끄러울 것이 없다."

그러나 많은 격언들 중에서도 가장 뜻깊은 것은 다음과 같은 격언이다.

"황금보다 지혜를 얻는 편이 낫다. 지혜는 루비보다도 나은 것이니, 인간이 소망하는 어떠한 것도 지혜에 비길 수는 없기 때문이다."

▐▶ 한 푼의 저축이 장래의 불안을 날려버린다

근면하고 검약하기만 하면, 보통의 노동 능력이 있는 사람은 어느 누구든 자립하는 생활을 할 수 있다. 가지고 있는 것을 주의 깊게 보살피고, 적은 돈이라도 헛되게 지출되지 않도록 조심한다면, 누구나 자립할 수 있는 것이다.

한 푼이란 매우 적은 돈이지만, 수천 세대의 안녕 여부가 조그마한 푼돈을 올바르게 쓰고 저축하는 일에 달려 있다. 만일 어떤 사람이 고생해서 번 한 푼 한 푼의 돈을 술을 마시거나 그 밖의 쓸데없는 짓을 하느라고 낭비하지 않고, 그 중 얼마는 보험에 들고, 얼마는 저축하고, 나머지는 가족들의 편안한 생활과 교육을 위해 잘 쓰라고 부인에게 맡긴다면, 점차 재산은 증가하고 가족들은 점점 안락하게 살게 되며, 앞날에 대한 걱정도 사라질 것이다.

만일 여기에 고상한 야망과 자비로운 마음까지 있다면, 자기 자신을 도울 수 있을 뿐 아니라 자기의 인생을 살아가면서 남들을 도와 줄 수도 있는 것이다.

땅을 경작하는 일이든, 도구를 만드는 일이든, 직물을 직조하거나 계산대 뒤에 서서 물건을 파는 일이든, 모든 일은 명예로운 것이다. 줄자를 잡고 일을 해도 좋고, 한 조각 리본의 치수를 재도 좋다. 줄자처럼 소견이 좁고, 리본처럼 생각이 좁은 사람이 되지 말고 그 이상의 것을 생각할 수 있는 마음의 여유만 있다면, 이런 일을 해도 조금도 창피할 것이 없다.

"정당한 직업이 없는 사람이 창피한 것이지, 정당한 직업이 있는 사람에게는 부끄러울 것이 없다."고 풀러는 말했다. 또한 주교홀은 다음과 같이 말했다. "머리를 쓰는 일이건 마음을 쓰는 일이건, 모든 직업에서 노력하여 얻는 열매는 감미로운 것이다."

미천한 직업에서 시작하여 출세한 사람들은 부끄러워할 필요가 없고, 오히려 자신들이 많은 곤란을 극복한 것을 자랑스럽게 여겨야 한다.

어느 미국 대통령은 그의 가문의 문장紋章이 뭐냐는 질문을 받고, 일찍이 벌목꾼으로 일했던 사실을 회상하며 "셔츠 바람의 사나이들"이라고 대답했다.

어느 프랑스 의사가 청년 시절에 양초 제조공으로 일했던 니스메의 주교 플레시에를 출신이 천하다고 조롱하자, 플레시에는 이와 같이 대답했다.

"만일 당신이 나와 같은 처지에 있었다면, 당신은 지금까지도 양초 제조공으로 일하고 있을 것이오."

▶ 돈에 대한 잘못된 애정은 위험하다

부자가 되는 것은 그렇게 어려운 일은 아니다. 돈을 벌기 위해 전력을 기울이기만 하면 누구든지 반드시 부자가 되게 마련이다. 머리는 별로 쓰지 않아도 된다. 많이 벌고 조금 쓴다는 원칙을 지켜서, 한 푼 한 푼씩 불려 나가야 한다. 그렇게 알뜰히 돈을 긁어모아 저축하면 차츰 돈이 수북이 쌓이게 된다.

파리의 은행가 오스터발드는 가난한 청년 시절을 보냈다. 그는 매일 저녁 술집에 가서 저녁 식사 대신 한 파인트약 0.57리터의 맥주를 마시곤 했는데, 그 동안 술집 바닥에 떨어져 있는 모든 콜크 마개를 주워 주머니에 넣었다. 8년간을 이렇게 모아 콜크 마개를 판 돈이 8루이대혁명 전의 프랑스 금화 단위에 이르렀다. 이 돈을 바탕으로 그는 돈을 불려, 주식 매매를 시작해 큰돈을 벌었다. 그리고 그가 세상을 떠날 때는 많은 재산을 남겼다.

그러나 단순히 돈을 긁어모은 것만이 능사는 아니다. 존 포스터의 예를 보자. 그는 상속받은 재산을 다 써 버리고, 마침내 완전히 동전 한 푼 없는 처지가 되어 절망 상태에 빠지게 되었다. 그는 집에서 뛰쳐나가 자살하려고 높은 언덕에 올랐는데, 여기서 넓고 넓은 예전의 자기 땅을 내려다보고 깊은 감회에 젖어 자살할 생각을 돌렸다. 그리고 그 자리에 주저앉아 한참 동안 생각에 잠겨 있다가 그 땅을 되찾고 말리라는 굳은 결심을 하고 일어났다.

거리로 돌아와 어느 집 앞에 이르렀을 때, 석탄을 마차에서 부리는 것을 보고 자청하여 석탄 나르는 일을 하게 되었다. 이리하여 몇 푼의 돈을 벌고, 팁으로 고기와 음료를 받았으므로, 돈은 모두 저축할 수 있었다. 그리고 차츰 더 큰 거래를 하여 마침내는 부자가 되었다.

그러나 그는 자기의 옛 재산을 되찾았지만, 아주 구두쇠라는 소리를 들으며 세상을 떠났다. 이렇게 해서 땅에 묻혔으니, 그저 흙에서 나와 흙으로 돌아간 결과밖에 되지 않았다. 그에게 좀더 고상한 정신이 있었더라면, 그와 같은 굳은 결의가 있었을 때 자기 자신뿐 아니라 남들을 위해서도 돈을 쓸 수 있었을 것이다. 그러나 이 사람의 경우 인생도 종말도 다 같이 추한 것이 되고 말았다.

가족들을 부양하고 노년의 자립과 안락한 생활을 대비하는 것은 명예로운 일이며, 대단히 칭찬한 만한 일이다. 그러나 오직 재산을 위해 재산을 축적하는 따위의 짓은 생각이 좁고 인색한 사람들에게서 볼 수 있는 특성이다.

현명한 사람이 경계해야 할 것은 바로 이와 같이 무턱대고 돈을 쌓아 두려는 버릇이다. 젊은 시절에는 그저 돈을 모으려는 마음에서 절약하는 버릇을 들이지만, 그것이 노년까지 이어지면 사람의 마음을 좁고 위축되게 하며, 너그러운 생활과 행동에 이르는 문을 닫아 버린다.

그러므로 월터 스콧 경의 다음과 같은 말 속에서 우리는 그의 인격의 일면을 엿볼 수 있다.

"금전은 칼집에서 뺀 칼이 사람의 육체를 벤 것보다 더 많은 사람의 정신을 죽였다."

너그러운 생각은 없이 오직 한 가지 일에만 마음을 쓰다 보면 부지불식간에 성격이 기계처럼 되는 경향이 있다. 이런 사람은 어떤 판에 박혀 먼 곳을 보지 못한다.

자기 생각만 하고 세상을 살면, 자기에게 쓸모가 있는 범위에서만 남들을 보게 된다. 남들의 사는 모습도 살펴보고 그들의 생각도 해야 하는 것이다.

▶ 부가 인격을 높여 주는 것은 아니다

사람들은 돈을 많이 가지고 있는 사람을 보고 성공했다고 말한다. 사실 우리들은 누구나 이러한 세속적인 성공을 부러워한다. 그러나 부자가 된 사람이 반드시 인격이 높은 것은 아니다. 어떤 경우에는 전혀 인격적이지 못하고 오히려 매우 천박한 사람들도 있다.

세상에는 돈 이상의 뭔가 더 높은 차원이 있다는 것을 깨닫지 못하는 사람은, 제아무리 돈 많은 사람이 된다고 하더라도 항상 불행한 처지를 면치 못한다. 부는 결코 인간 행복의 전부가 아니기 때문이다. 개똥벌레의 반짝이는 빛이 벌레의 정체를 밝혀 주는 것처럼, 부의 광채는 다만 그 임자의 보잘것없는 참모습을 드러내 줄 뿐이다.

부에 대한 욕심으로 희생되는 인간의 어리석은 모습은 원숭이의 탐욕과 비슷한 데가 있다. 원숭이의 손이 딱 들어가는 구멍 하나가 뚫린 조롱박 안에 쌀을 넣어서 나무에 묶어 두면 원숭이가 밤에 살그머니 나무에 와서 손을 넣고 쌀을 잡는다. 그리고 손을 빼려고 하지만 주먹을 꽉 쥔 채이므로 빠질 리가 없다. 그런데 원숭이에겐 주먹을 펴면 손이 빠진다는 지혜가 없다. 그래서 다음

날 아침까지 그러고 있다가 잡히고 마는데, 그때까지도 바보처럼 여전히 손에 쌀을 쥐고 있다. 이 짧은 이야기 속에 담긴 교훈을 잊지 말아야 할 것이다.

사람들은 돈의 힘을 과대 평가하고 있다. 지금까지 세상에서 이루어진 위대한 일들은, 돈 많은 사람들이 한 것이 아니라 대개는 돈 없는 사람들이 이루었던 것이다. 기독교가 온 세상에 널리 퍼진 것도 가난한 사람들의 힘이었고, 위대한 사상가, 발명가, 그리고 예술가들은 많지도 않고 적지도 않은 보통 재산을 가진 사람들이었으며, 그들 대부분은 노동을 해야 하는 환경에서 자랐다.

부는 열심히 생활하는 데 자극제가 되기보다는, 오히려 방해가 되는 수가 많고, 축복인 만큼 불행이기도 한 것이다. 많은 재산을 이어받은 청년은 인생을 너무나도 쉽게 생각하게 되어, 아무런 소망도 없는 가운데 곧 그 많은 재산에 구속을 받게 된다. 특별히 목표로 삼고 싸워 나갈 것이 없으므로 시간은 흐르지 않고 모든 것이 지루하게만 생각된다. 그런 사람은 도덕적으로나 정신적으로나 늘 잠들어 있는 상태이며, 사회에서 차지하는 위치도 조수 밑에서 잠자고 있는 단세포 동물의 처지나 다름없다.

그러나 돈 많은 사람이 올바른 정신이 들면 인간답지 못한 게으름을 추방하게 될 것이다. 그리고 부와 재산의 소유에 따르는 책임까지 깨닫는다면, 가난한 사람들보다 더 높은 사명감을 느끼게 될 것이다. 그러나 돈 많은 사람들의 대부분이 그렇지 못하다는 사실을 우리는 인정하지 않을 수 없다.

‣ 균형잡힌 육체와 정신을 목표로 하라

존경받을 만한 사람이 된다는 것은 멋진 일이다. 그러나 그것은 쉽게 되는 일이 아니다. 존경을 받으려고 체면만 차리는 사람도 있는데, 그런 사람은 쳐다볼 가치도 없다. 돈 많고 나쁜 부자보다도 선량하고 가난한 사람이 훨씬 낫고 존경을 받을 만하다. 불량스러우면서 비위 잘 맞추고 싹싹한 건달보다는 겸손하고 말없는 사람이 더 낫다.

마음과 몸의 균형이 잘 잡힌 사람, 어떠한 지위에 있든 선한 마음가짐으로 충만되어 있는 인생, 이것이 세속적인 체면보다 훨씬 더 중요한 것이다. 우리가 인생의 최고 목표라고 간주하는 것은 부끄럽지 않은 인격을 형성하고, 육체와 정신을 가능한 한 최선의 상태로 개발시키는 일이다. 이것이 목적이고 그 밖의 다른 것은 목적을 위한 수단이라고 보아야 한다.

그러므로 인생 최고의 성공이란 가장 많은 쾌락, 가장 많은 돈, 가장 많은 권력이나 지위, 또는 명예나 명성을 얻는 것이 아니라, 가장 훌륭한 인간성을 얻고, 가장 많은 양의 유용한 일과 인간으로서의 의무를 완수하는 것이다. 이런 일을 성취하기 위해서는 돈이 어느 정도 힘이 될지도 모른다. 그러나 건전한 정신과 미덕의 실천이 더 큰 힘이 되는 것이며, 사실은 이것이 오히려 돈보다 더 고상한 힘이 된다.

콜린우드 경이 친구에게 보낸 서신 중 다음과 같은 구절이 있다. "연금을 달라고 탄원하는 일 같은 것은 다른 사람들에게나 하라고 하게. 나는 무슨 일에서나 빈곤을 극복하려고 노력하기 때문에 돈이 없어도 윤택한 마음으로 살 수 있네. 여태까지 조국을 위해 봉사해 온 나의 생애를 금전이 관련된 문제로 더럽히고 싶지 않네. 우리 집의 늙은 정원사 스콧과 나는 적은 돈으로도 채소밭을 가꾸면서 살아갈 수 있네. 나에게는 아무리 많은 연금을 주어도 바꾸고 싶지 않은 행동의 동기가 있네."

돈을 벌면 틀림없이 이른바 '상류사회'에 들어갈 수 있을는지 모르나, 그런 사회에서 존경을 받으려면 훌륭한 마음가짐과 예절, 진실된 마음가짐을 갖추어야 한다. 이것이 갖추어지지 않으면 한낱 돈 많은 사람일 뿐, 그 이상의 아무것도 아니다.

과거 영국의 상류사회인 '사교계'에서 이름을 날린 사람들을 보면, 크리서스리디아의 왕. 대부호의 대명사로 쓰임처럼 부자이긴 하지만 몸가짐을 조심하지 않아서 사회의 존경을 받지 못한 사람들이 많았다. 왜 그럴까? 이들은 다만 돈 보따리에 지나지 않으며, 모든 것을 돈궤에 의지하고 있기 때문이었다.

　사회에서 뛰어난 사람들, 즉 여론의 방향을 잡아 주고 여론을 이끌어 가는 소위 사회 지도층이나 지식인들은 반드시 돈이 많은 사람들이 아니라, 신뢰할 수 있는 인격과 자기통제, 그리고 훌륭한 미덕을 지닌 사람들이다.

　토머스 라이트처럼 가난한 사람도, 비록 세속적인 의미의 재물은 별로 없지만, 천성을 개발하고, 기회를 잘 이용하고, 가지고 있는 얼마 안 되는 재산과 능력을 최대한도로 발휘했기 때문에, 조금도 부끄러움 없이 한낱 세속적인 성공에 만족하며 돈 보따리와 땅만을 기고 있는 사람을 내려다볼 수 있는 것이다.

제8장

자신을 지배하는 사람이 세상을 지배한다

▐▶ 스스로의 땀과 눈물로 얻은 지식만큼 강한 것은 없다

"사람이 받는 교육 중에 최고의 것은 스스로 얻는 교육이다."라고 월터 스콧은 말했다. 벤야민 브로디 경은 이 말을 인용하기 좋아했으며, 자기 직업상의 모든 것을 스스로 배워 얻었다며 기뻐하곤 했다.

또한 문학, 과학, 예술 분야에서 탁월했던 사람들은 누구나 다 자학자습自學自習의 길을 걸었다. 대학까지 포함하여 학교에서 받는 교육은 단지 시초에 지나지 않으며, 이것은 마음을 훈련시켜 주고 계속 전념하여 공부할 수 있는 습성을 길러 준다는 점에서만 가치가 있다.

남이 우리에게 넣어 주는 교육은, 근면과 인내하는 노력으로 우리 스스로가 얻는 교육보다 언제나 그 가치가 훨씬 떨어진다. 노력해서 얻은 지식은 자신의 소유물이 되어 완전한 자기 재산이 된다. 보다 더 생생하고, 보다 더 오래 지속되는 지식이기 때문이다. 이렇게 해서 얻은 지식은 마음속에 꽉 박히지만, 남에게서 나누어 받은 지식을 절대 이렇게 되지 않는다.

이처럼 스스로 하는 공부는 자신에게 힘이 나게 하고 또한 없던 힘도 개발시켜 준다. 그리고 이것이 반복되는 가운데 지식이 능력으로 발전한다. 무엇보다 우리 자신의 자발적인 노력이 가장 중요한 것이며, 재능이나 책, 교사, 기계적인 암기 따위는 아무리 많다고 해도 배우는 사람의 노력 없이는 아무 소용이 없다.

훌륭한 교사들은 항상 자기 수양의 중요성을 인식하고, 자신의 능력을 적극적으로 발휘해서 지식을 얻어야 한다고 학생들을 격려한다. 이런 교사들은 '말'로 하는 가르침보다 '훈련'에 더 많은 중점을 두고, 하고 있는 공부에 학생들을 적극적으로 참여시킨다. 그러므로 이것저것 모아 놓은 단편적인 지식을 그저 수동적으로 받아들이는 것 이상의 차원 높은 공부가 되는 것이다.

위대한 아놀드 박사의 교육 정신이 바로 이런 것이었다. 그는 학생들에게 스스로 공부하는 것이 얼마나 중요한지를 열성적으로 가르쳐 주고, 학생들 스스로가 자신의 힘을 기르도록 하고는, 자기는 그저 방향을 잡아 주고 격려와 용기를 주는 데만 그쳤다.

그는 이와 같이 말했다. "나는 학생을 옥스퍼드에 보내서 자기의 좋은 환경을 이용하려는 생각은 없이 사치 속에 살게 하느니보다는, 오히려 어느 시골로 보내서 제 손으로 일하여 먹을 것을 벌도록 하겠다."

또한 이런 말을 한 적도 있었다. "이 지상에 참으로 찬양할 만한 것이 하나 있다면, 남보다 떨어지는 능력을 타고난 사람들이 정직하게 열심히 노력하여 마침내 하느님의 지혜로 축복을 받게 되는 광경을 보는 것이다." 그리고 이와 같이 찬양할 만한 인격을 가진 학생 앞에서는 모자를 벗고 경의를 표하고 싶다고 말했다.

한번은 그가 머리가 좀 좋지 않은 학생을 심하게 나무란 일이 있었다. 이때 학생이 그를 바라보며 이와 같이 말했다. "선생님, 왜 화를 내십니까? 저는 정말로 제가 할 수 있는 최선을 다하고 있는 것입니다." 후일 그는 자주 이 이야기를 하면서 이렇게 덧붙였다. "나는 그때 참으로 충격을 받았다. 그 학생의 그때 표정과 그 말을 지금까지도 잊지 못하고 있다."

▶ 건강한 육체에 건강한 정신이 깃든다

비천한 출신의 사람들이 과학이나 문학 분야에서 뛰어난 일을 해 낸 수많은 예를 통해 알 수 있듯이, 노동은 결코 최고의 지적 문화와 양립될 수 없는 것이 아니다. 알맞은 일은 신체를 상쾌하게 해 주는 동시에 건강에도 좋다. 공부가 마음을 개발해 주듯이, 일은 신체를 튼튼하게 해 준다.

가장 이상적인 사회란 사람들이 일하는 사이사이에 여가를 가질 수 있는 사회이다. 돈이 제아무리 많고 지위가 높은 사람들이라도 어느 정도는 일하지 않을 수 없다. 때로는 권태를 못 이겨서이기도 하지만, 대부분의 경우는 어쩔 수 없는 본능을 충족시키기 위하여 일을 하는 것이다.

대니얼 맬서스는 대학에 다니는 자기 아들에게, 부지런히 지식의 계발에 힘쓰는 동시에 운동을 게을리 하지 말라는 주의를 주었다. 운동이야말로 마음에 즐거움을 주고, 발랄한 심성을 유지하는 최고의 수단이라는 것이다. 그는 다음과 같이 말했다.

"모든 종류의 지식, 그리고 자연과 학문을 배우고 익히는 일은 너의 마음을 즐겁게 해 주고 너의 마음에 힘을 줄 것이다. 마찬가지로 너의 두 팔과 두 다리로 힘차게 크리켓을 함으로써 같은 즐거움과 힘을 얻을 수 있다면 나로서는 더욱 기쁜 일이 될 것이다. 네가 남보다 운동을 잘하는 것을 보고 싶구나. 사람은 두 다리로 일어서서 활동할 때 가장 큰 마음의 즐거움을 얻을 수 있는 것이라고 생각한다."

위대한 성직자 제러미 테일러는 몸을 움직이는 일이 왜 중요한지 다음과 같이 말하고 있다.

"나태를 피하고, 당신의 모든 한가한 시간을 유용한 즐거움으로 채우십시오. 마음에 생각하는 것이 없고 몸이 한가한 공허를 틈타 번뇌가 스며들기 쉬운 것입니다. 건강한 육체가 있으면서 편안함만을 취하는 게으른 사람 가운데 일찍이 유혹 앞에서 절도를 지킨 경우가 없었기 때문입니다. 그러나 모든 일 중에서도 육체적 노동이 악마를 물리치기에 가장 유용하고 가장 유익한 것입니다."

인생에서의 성공 여부는 일반 사람들이 생각하고 있는 것 이상으로 신체의 건강에 달려 있다. 유명한 호드슨 경기병대의 호드슨은 고향에 있는 친구에게 다음과 같은 편지를 보냈다.

"인도에서 나는 나의 의무를 잘 해나가고 있네. 그런데 이것은 모두 나의 소화력이 왕성한 덕택일세."

어떤 일에 끊임없이 노력을 기울일 수 있는 능력은 주로 이 신체의 건강에 달려 있는 것이다. 머리 쓰는 일을 하는 사람들도 건강에 주의를 기울여야 한다. 학생들은 흔히 불평, 불만이 많고 나태하며 몽상에 빠지는 경향이 많은데, 그 원인은 아마도 신체 운동을 소홀히 하는 데에 있을 것이다.

이런 학생들은 현실 생활을 멸시하고 반복되는 일상을 혐오하는 버릇이 있다. 그래서 "너무나도 많은 젊은이들이 절망이라는 학교에서 자라고 있다"며 이런 현상을 개탄한 사람도 있다.

한창 푸르러야 할 젊은이들이 시들시들 약해져만 가는 이런 마음의 병을 고치는 유일한 치료법이, 육체의 운동과 노동이다.

▶ 어릴 때부터 몸을 움직여 직접 해보는 훈련을 하라

아이작 뉴턴 경은 일찍이 소년 시절부터 스스로 기계를 만지곤 했다. 학자인지라 별로 솜씨가 좋진 못했지만, 톱이나 망치 또는 손도끼를 들고 방 안에서 열심히 두드리고 때리며 풍차와 마차 모형, 그리고 여러 가지 종류의 기계를 만들었다.

차츰 나이를 먹어 가면서 조그마한 책상과 찬장을 만들어 친구들에게 주기를 좋아했다. 스미턴, 와트, 그리고 스티븐슨도 소년 시절에 도구를 만지기 좋아했다. 만일 이들이 소년 시절에 이런 경험을 하지 않았더라면 후일 그처럼 큰일을 하지 못했을 것이다.

지금까지 이야기한 수많은 위대한 발명가와 기계공들도 어린 시절부터 이러한 훈련을 해 왔던 사람들이다. 어린 시절부터 이미 이와 같이 꾸준하게 손을 훈련해 왔기 때문에, 이것을 통하여 고안력이 생기고 지능도 발전했던 것이다.

본래 노동 계층에 있다가 나중에 출세하여 순전히 머리만 쓰는 일을 하게 된 사람들도, 어린 시절에 이런 훈련을 한 것이 후일의 직업에 많은 도움을 주었다는 것을 알 수 있다.

힘든 노동을 해 본 사람이라야 나중에 효과적으로 학문 연구를 할 수 있다. 그리고 이런 정신을 잊지 않고 학교 교사가 된 후에도 연구를 중단하고 철공장에 가서 가죽 앞치마를 두르고 심신의 건강을 위하여 용광로 앞에서 모루를 두들기는 사람도 있다.

젊은이들이 도구 사용법을 익히고 훈련하는 것은 자기 주변의 일을 처리할 수 있는 힘을 줄 뿐 아니라, 자신도 모르고 있던 손과 팔의 이용법을 익히게 한다. 또한 건전한 일에 익숙하게 하고, 실제 사물에 대한 능력을 발휘하게 하며, 기계를 잘 알고 유용하게 쓸 수 있는 능력을 준다. 게다가 참고 견디는 육체적 노력의 습관을 심어 준다.

그래서 돈 많은 집안의 젊은이보다 노동 계층 집안의 젊은이들은 어린 시절부터 여러 가지 훌륭한 손재주와 체력을 얻게 되는 것이다. 노동에 종사하는 것의 불리한 점은 노동을 하는 데에 있는 것이 아니라, 주로 일만 하기 때문에 지적 능력을 키우는 데 소홀히 하게 되는 데에 있다.

돈 많은 젊은이들이 노동을 기피하기 때문에 실제로 노동에 대하여 아무것도 모르고 자라는 반면에, 가난한 젊은이들은 늘 일만 하고 사는 까닭에 대부분이 수준 높은 교육을 받지 못하고 자라게 된다.

그러므로 양쪽 모두 신체의 훈련 또는 육체 노동을 지적인 교양과 결합시키면 전인격의 인간으로 성장할 수 있을 것이다. 실제로 요즘에는 이런 보다 더 높은 차원의 교육 제도를 다양하게 채택하고 있다.

▶ 철은 뜨거워질 때까지 두드리라

학생들의 교육 역시 끊임없는 노력의 습관이 필수 불가결한 일이다. "노력은 만사를 정복한다."는 금언은, 특히 지식의 습득에 적용되는 말이다.

배움의 길은 그것을 얻기 위해 필요한 노력과 탐구를 바치는 모든 사람들에게 똑같이 그 문이 열려 있으며, 굳은 의지를 가진 학생이 극복하고 정복할 수 없을 정도의 큰 곤란이란 없다.

채터튼은, "하느님께서 사람들이 원하기만 하면 어느 것이든지 잡을 수 있을 만큼 긴 팔을 주셨노라"라는 특이한 말을 했다.

사업에서와 같이 학문 연구에서도 열심히 노력하면 그만이다. '열성을 기울이는 노력'이란 쇠가 달아 있는 동안에만 쇠를 치는 것이 아니라 쳐서 달게 만들어야 하는 것이다.

신중히 기회를 이용하고, 게으른 사람들이 흔히 낭비해 버리는 조금마한 여가도 유용하게 쓰는 정열적이고 인내하는 사람들이 이루는 자기 수양의 공적은 실로 놀라운 정도이다. 퍼거슨은 산에 올라 양가죽을 뒤집어쓰고 천문학을 연구했으며, 스톤은 품팔이 정원사로 일하면서 수학을 터득하고, 드루는 구두를 고치는 사이사이에 철학을 깊이 연구하고, 밀러는 채석장에서 날품팔이를 하며 지질학 공부를 했다.

조슈아 레이놀즈 경은 진실한 근면의 힘을 믿었기 때문에, 참고 근면하게 일하기만 하면 누구나 출중한 사람이 될 수 있다고 말했다. 그리고 천재가 되는 길은 고역의 길이며, 예술가로서 완성할 수 있는 길은 오직 자기 자신의 근면뿐이라고 주장했다. 이른바 영감을 믿지 않았고, 중요한 것은 오직 연구와 노력뿐이라고 생각했던 것이다.

그는 다음과 같이 말했다.

"탁월한 능력은 노력의 대가로서만 인간에게 주어지는 것이다. 올바르게 노력을 기울일 때 안 되는 일이 없고, 올바른 노력 없이 되는 일이 없다."

▌ 목표를 분명히 세우라

공부할 때 주의해야 할 두 가지 중요한 점은 철저함과 정확이다. 프랜시스 호너는, 무엇이든 한 가지를 철저히 숙달할 목적으로 계속 한 가지에만 전념하는 습관을 붙여야만 정신 세계가 발전한다고 했다. 이러한 목적으로 그는 몇 권의 책만을 중점적으로 읽었으며, 아무 책이나 닥치는 대로 읽지 않도록 극히 조심을 기울였다.

지식의 가치는 분량에 있는 것이 아니라 그것을 얼마나 잘 이용할 수 있느냐에 달려 있다. 그러므로 조그마한 지식이라도 정확하고 완전한 지식이 실제 생활에서는 피상적 지식보다 항상 더 가치가 있는 것이다.

이그나티우스 로욜라의 금언 중에 다음과 같은 말이 있다. "한 번에 한 가지 일을 잘하는 사람이 누구보다도 많은 일을 한다."

우리의 노력을 너무 넓은 범위로 퍼지게 하면 힘이 약해지고 발전이 느리며, 기분에 따라 일하는 비능률적인 작업 습관이 붙는다. 세인트 레너즈 경은 포웰 벅스턴 경에게 자신의 공부 방법을 전한 일이 있었는데, 이것이 바로 그가 성공한 비결이었다.

"처음 법률 공부를 시작했을 때, 나는 공부한 것을 완전히 내

것으로 만들고 첫 번째 것을 숙달하기 전에는 결코 다음 공부로 들어가지 않기로 결심을 했네. 경쟁자들의 대부분은 내가 일주일에 읽는 것을 하루에 다 읽어 치웠지만, 열두 달이 지난 후에 보면 나의 지식은 처음 배울 때나 다름없이 싱싱한 반면에, 그들의 지식은 한 번 번뜩였다가 그대로 사라져 버리는 형편이었네."

사람을 현명하게 해 주는 것은 그가 마친 공부의 양이나 독서의 분량이 아니고, 추구하고 있는 목적과 공부의 일치, 연구할 때 연구 주제에 기울이는 마음의 집중, 그리고 정신의 집중 정도를 규제하는 자기 절제의 습관 등이다.

아버네시는, 정신에도 포화점이 있어서 받아들일 수 있는 이상의 것을 받아들이면 다른 것은 밀어낼 수밖에 없다고까지 말했다. 또한 그는 다음과 같이 말했다. "자기가 무엇을 하고 싶다는 분명한 생각이 있다면, 누구나 그것을 완수하기에 적당한 수단을 틀림없이 선택할 수 있을 것이다."

가장 유익한 학문 연구에는 명백한 목표와 목적이 있어야 한다. 어떤 특정한 분야의 지식을 철저히 숙달해야만 우리는 그것을 이용할 수 있다. 그러므로 그저 책을 가지고 있다거나 어떤 지식이 필요할 때 어디를 읽어야 하는가를 아는 것만으로는 충분하지 않다.

자신의 목적을 위한 실제 지식은 언제나 자신과 함께 있어서 필요할 때 이용할 수 있어야 한다. 집에 돈을 많이 쌓아 놓고도 주머니에 한 푼도 없으면 무슨 소용이 있겠는가. 마찬가지로 우리는 언제 어디서나 바꿔 쓸 수 있는 얼마만큼의 지식의 잔돈을 항상 지니고 다녀야 하는 것이다. 그렇지 않으면 그것을 써야 할 기회가 생길 때 무력한 사람이 되고 말 것이다.

사업에서도 그렇지만, 자기 수양에서도 결단력과 신속함이 필요하다. 그래야만 젊은이들이 스스로의 재능에 의존하는 습관을 붙이고, 어릴 때부터 최대한의 행동의 자유를 즐길 수 있기 때문이다.

지도와 구속이 지나치면 자조의 습성이 붙지 못한다. 지나친 지도와 구속은 헤엄을 치지 못하는 사람의 양쪽 팔 밑에 잡아맨 부레와 같다. 자신이 없다는 것은, 사람들이 생각하고 있는 것 이상으로 사람의 발전에 큰 장애가 된다. 인생 실패의 태반이 뛰는 말을 멈추게 하기 때문에 일어난다고들 말하고 있다.

존슨 박사는 자기가 성공한 원인을 자기의 실력을 믿은 데에 있었다고 말하곤 했다. 참다운 겸손은 자기 자신의 장점을 올바르게 존중할 때 생기는 것이며, 자신의 모든 장점을 포기해야만 생기는 것은 아니다.

아무것도 모르면서 아는 체하며 자기를 기만하는 사람들도 있지만, 자기 자신에 대한 믿음이 없어서 신속한 행동을 할 수 없는 것도 하나의 결함이며, 이것은 개인의 발전에 크게 방해가 된다. 일을 해도 별다른 성취를 이루지 못하는 이유는 대체로 하려는 의지가 부족한 데에 있다.

▶ 녹슨 것보다 닳아 없어지는 것이 낫다

대부분의 사람들에게 자기 수양을 이루어 보려는 소망이 없는 것은 아니나, 그것을 얻기에 필요한 대가, 즉 열심히 노력하는 것은 피하려는 경향이 많다. 존슨 박사의 다음과 같은 말은 오늘날에도 적용될 수 있다.

"공부를 조급하게 하려는 것이 요즘 세대의 정신 질환이다."

학문에 왕도가 있다고는 믿지 않지만, 모두들 어떤 '유행'에 따르려고 애쓰고 있는 것처럼 보인다. 교육 현황을 보더라도, 노력은 하려고 하지 않고 과학 공부를 완성하는 지름길을 모색하고, '열두 시간 안에' 또는 '교사도 없이' 프랑스어와 라틴어를 배우고 있다.

어느 숙녀가 동사와 분사 따위로 자기를 괴롭히지 않을 조건으로 개인 교사를 고용했다고 하는데, 우리 모두가 점점 그런 숙녀를 닮고 있다. 이와 같은 수박 겉 핥기 식으로 과학 공부를 하고 있으며, 간간이 재미나는 실험을 섞은 짧은 시간의 강의를 들으며 화학 공부를 한다. 일산화질소를 들이마셔 보고, 파란 물이 빨간빛으로 변하는 것 또는 인이 산소 속에서 타는 것을 보고는 조그마한 지식을 얻고 있다.

좋게 말해서 아무것도 안 하는 것보다는 나을지 모르나 사실은 아무 짝에도 못 써먹을 짓이다. 이와 같이 그저 장난만 치고는 그래도 교육을 받고 있노라 생각하는 것이다.

이와 같은 식으로 젊은이들에게 연구와 노력이 없는 공부를 시키는 것은 교육이 아니다. 그것은 시간만 보내는 것이지 젊은이들의 마음을 살찌게 해 주지 못한다. 잠시 동안 자극을 받아 일시적으로 어느 정도 예민하고 영리하게 될지 모르나, 속에 의지가 없고 한낱 쾌락을 얻겠다는 것 이상의 높은 목적이 없이는 뭔가 알찬 이익을 얻지 못할 것이다.

이런 경우, 지식은 다만 잠시 스쳐가는 인상, 즉 어떤 순간적인 기분을 자아낼 뿐, 그 이상의 아무것도 아니다. 다시 말해서, 전혀 지적이지 않고 그저 감각에만 호소하는 지능의 미식주의에 지나지 않은 것이다.

결국 원기 왕성한 노력과 자립적인 행동에 의해서 생기는 최고의 정신 자세는 깊은 잠에 빠져, 갑작스러운 불상사나 고통이 거칠게 각성시켜 주기 전에는 되살아나지 못하게 되었다. 이런 경우 갑작스러운 불상사나 고통은 오히려 하나의 축복으로서 사람의 용기를 일깨워 주는 역할을 할 것이며, 만일 이것이 없으면 사람들은 계속 깊은 잠을 자게 될 것이다.

장난하는 태도로 지식을 얻는 습관에 젖어, 젊은이들은 고생스러운 연구와 노력이 필요한 공부를 멀리하게 되었다. 건성으로 지식을 얻고 과학 공부를 하니 지식과 과학을 장난처럼 여기기 쉽고, 그래서 일어나는 지적 유흥의 자세는 사람들의 정신과 인격의 골수를 빼 버리는 결과를 빚어내는 것이다.

브리턴의 로버트슨은 다음과 같이 말했다.

"잡다한 독서는 흡연처럼 사람의 마음을 약화시키고 동면 상태로 끌어들인다. 그것은 모든 나태 중에서 가장 큰 나태요, 무엇보다도 사람의 정신을 무기력하게 만드는 것이다."

악은 점점 자라 여러 면에서 작용한다. 악의 가장 적은 해독은 피상적인 지식이며, 가장 큰 해독은 그 때문에 생기는 꾸준한 노력의 기피와 그것이 조장하는 천박하고 허약한 마음의 상태이다. 만일 우리가 진실로 현명하기를 원한다면, 우리 조상들이 기울인 것과 같은 끊임없는 노력을 기울여야 한다. 지금도 아직 그렇고 앞으로도 줄곧 그렇겠지만, 무엇이든 귀중한 것을 얻으려면 어쩔 수 없이 노력이라는 대가를 치러야 하기 때문이다.

　어떤 목적 의식을 가지고, 열심히 일하면서 참을성 있게 그 결과를 기다리는 데 만족해야 한다. 모든 진보는 그 속도가 느리나, 믿음을 갖고 열심히 일하는 사람에게는 때가 되면 반드시 그 보상이 있게 마련이다.

　사람의 일상 생활 속에 구현된 근면 정신은, 그 사람에게 차츰 자기를 초월한 일들, 즉 보다 더 존엄성 있고 유용성 있는 일들에 힘을 기울이게 할 것이다. 그래도 우리는 계속 노력해야 한다. 자기 수양에는 결코 끝이 없기 때문이다.

　"일한다는 것은 행복한 것이다." 라고 시인 그레이는 말했다.

　"녹슬어 버림을 받느니, 일하다 쓰러지는 편이 낫다." 라고 주교 컴벌랜드는 말했다.

　"어차피 우리에겐 편히 쉴 내세가 있는 것이 아닌가?" 하고 아놀드는 말했다.

▶ 책보다는 실제 생활에서 배우라

오늘날 우리는 도서관, 연구소, 그리고 박물관만 많이 있으면 사람들이 교양이 많아지고 큰 진보를 하고 있는 것처럼 생각하기 쉽다.

그러나 이러한 시설은 개인 수양에 도움이 되는 동시에 또한 방해가 될 수도 있다. 도서관이 있다든가 또는 도서관을 마음대로 쓸 수 있다고 해서 개인의 교양과 학식이 곧바로 높아지는 것은 아니다. 재산이 있다고 해서 그것이 곧 너그러움을 뜻하지 않는 것과 같다.

확실히 우리는 오늘날 굉장한 시설을 가지고 있지만, 예나 지금이나 관찰과 주의, 그리고 인내나 근면의 길을 통해서만 지혜가 우리의 것이 될 수 있다는 것도 틀림없는 사실이다.

한낱 지식의 재료를 소유한다는 것은 지혜와는 다른 것이다. 지혜는, 자기 것으로 만들려는 적극적인 노력이 없는 까닭에 다른 사람들의 생각을 소극적으로 받아들이는 것에 지나지 않는 독서 이상의 어떤 높은 훈련을 통해서 얻을 수 있는 것이기 때문이다.

그러므로 우리가 오늘날 하고 있는 식의 독서는 아무리 많이 해도 마치 찔끔찔끔 술을 마시듯 순간의 기분 좋은 흥분을 얻고

자 단편적인 지식을 탐욕하는 것과 다름이 없으며, 정신을 향상시키고 윤택하게 하거나 인격을 쌓아 올리는 데는 아무런 효과가 없다.

책에서 얻는 경험이 가치 있는 것도 많지만 어디까지나 학문의 성질을 띠고 있는 것인 반면에, 실제 생활에서 얻는 경험은 슬기로운 성질을 띠고 있다. 따라서 조금이라도 실제 생활에서 경험을 얻는 것이 책에서 학식을 얻는 것보다 훨씬 더 가치 있다는 것을 우리는 명심하여야 한다.

볼링브루크 경의 다음과 같은 말은 참으로 지당한 말이다.

"공부를 함으로써 직접적으로나 간접적으로 보다 나은 인간, 그리고 보다 나은 시민이 될 수 없다면, 그 공부가 무엇이든 그것은 기껏해야 허울 좋고 꾀 부리는 일종의 나태에 지나지 않으며, 이런 식으로 얻은 지식은 칭찬을 보낼 정도로 기가 막힌 무지일 뿐 그 이상은 아무것도 아니다."

▶ 아래만 보면 큰 뜻을 품을 수 없다

자기 훈련과 통제는 지혜를 얻기 위한 첫걸음이며 시작이며, 그 근본을 자기 존중에 두어야 한다. 희망은 자기 존중에서 솟아나는 것이며, 희망이란 힘의 동반자요 성공의 어머니인 것이다.

큰 희망을 품고 있는 사람에게는 기적을 행할 수 있는 힘이 생긴다. 가장 비천한 처지에 있는 사람도 다음과 같은 말을 할 수 있을 것이다.

"자기를 존중하여 나 자신을 발전시키는 것, 이것이 나의 진정한 인생 의무이다. 커다란 사회 조직 속에 없어서는 안 될 책임 있는 입장에 있다고 자부하는 내가, 육체나 정신 또는 본능을 타락시키거나 파멸시키지 않고 있는 것은, 사회와 사회를 만들어 주신 하느님의 덕택이다. 타락시키고 파멸시키기는 커녕, 나에게는 나의 온 힘을 기울여 나의 육체와 정신을 완전한 상태로 끌어올려야 할 의무가 있다. 악을 억제할 뿐 아니라, 타고난 나의 성질 중 좋은 면을 각성시키도록 노력해야 하며, 그러면 남들은 그들의 입장에서 또한 나를 존경할 것이다."

이렇게 하여 사람들 상호간에 존경과 정의와 질서가 자리잡게 되는 것이며, 이것을 문서로 기록하여 보장해 주는 것이 바로 법률이다.

자기 존중이란 사람이 입을 수 있는 가장 고상한 의복이며, 사람이 영감을 얻을 수 있는 최고의 감정이다. "자기를 존중하라."는 말은 피타고라스가 학생들에게 늘 하던 말로, 그의 황금같이 귀중한 격언 중 하나였다.

이러한 높은 이상이 생활의 지주가 되면 음탕한 습성으로 육체를 더럽히지 않을 것이며, 또한 비굴한 생각으로 정신을 더럽히지도 않을 것이다. 매일 이러한 자세로 살아가면 그것은 바로 모든 미덕의 근원이 될 것이다.

"경건하고 정당한 입장에서 자신을 존중한다는 것. 우리는 이것을 모든 가치 있고 찬양할 만한 선행이 솟아나는 근본적인 수원水源 같은 것이라고 생각할 수 있다."라고 밀턴은 말했다.

자기 자신을 경멸한다는 것은 남에게서 낮은 평가를 받는 동시에 자신도 자신을 낮게 평가한다는 뜻이다. 생각의 경우와 마찬가지로 행동의 경우도 그렇다. 아래를 내려다보면 대망을 품을 수 없다. 따라서 향상할 생각이 있으면 위를 보고 살아야 한다.

아주 미천한 처지에 있는 사람도 이러한 올바른 정신 자세만 있다면 어떤 상황에서도 버티고 나갈 수 있다. 자기 존중에 의하여 우리는 빈곤에서도 벗어나 앞길을 밝혀 나갈 수 있다. 가난한 사람이 유혹을 물리치고 꼿꼿한 자세를 지켜 가며 부끄러운 행동으로 자기 자신을 더럽히기를 거부하는 것은 참으로 고상하다.

┣ 스스로 아픈 사람을 치료할 약이란 없다

우리는 자기 수양을 통해 일을 보다 낫게 할 수 있고, 모든 면에서 보다 더 적합하고 능숙하고 능률적인 사람이 될 수 있을 것이다.

손뿐 아니라 머리를 써서 일하는 사람은, 자기가 하는 일을 보다 더 밝은 눈으로 보게 될 것이며, 자기 힘의 향상을 의식하게 될 것이다. 이것은 아마도 인간이 소중하게 간직할 수 있는 가장 즐거운 의식일 것이다.

스스로 할 수 있는 힘이 점점 커지고, 자기 존중에 비례하여 천박한 일에 탐닉하고 싶은 유혹을 물리칠 힘도 생길 것이다. 전혀 새로운 흥미로 사회와 그 움직임을 보게 될 것이며, 보다 더 넓고 큰 견지에서 공감을 갖게 된다. 이리하여 자기 자신뿐 아니라 남들을 위해서도 일하고 싶은 매력을 느낄 것이다.

그러나 자기 수양이 이처럼 반드시 좋은 결과만 주는 것은 아니다. 사람이란 대부분이 아무리 아는 것이 많다 해도 항상 근면을 필요로 하는 일상의 직업에 종사해야 한다. 전체 사회가 지니고 있는 교양이 아무리 크다고 해도, 이것이 그 사회가 해야 하는 매일의 일을 면하게 해 주지는 못할 것이다. 일을 안 해도 된다면 좋겠으나 현실은 그렇지 못하다.

그러나 일에 고상한 생각을 결부시키면 품격 높은 일뿐 아니라 수준 낮은 일에도 우아한 품위를 부여할 수 있다. 초라하기 그지 없는 오두막집에 사는 아무리 가난하고 미천한 사람이라도, 고금을 통한 대사상가의 방문을 받아 얼마 동안이든 벗하며 함께 즐거운 시간을 보낼 수 있는 것이다. 또한 대사상가를 직접 만나지 못하더라도 책으로 만날 수도 있다. 이리하여 독서만으로도 자기 향상을 이룰 수 있으며, 인격과 행동 전체의 진로에 원만한 영향력을 미쳐 유익한 결과를 얻을 수도 있다.

그리고 비록 자기 수양으로 부를 얻지 못한다 해도, 어떻든 고매한 사상과 친교를 맺을 수는 있다. 일찍이 어느 귀족이 경멸하는 말투로 현인에게 이와 같이 질문했다. "당신의 학문으로 당신이 얻는 것이 도대체 무엇이란 말이오?" 이때 현인은 이렇게 대답했다. "적어도 나는 즐거웠소."

그러나 많은 사람들은 자신들이 생각하고 있는 것만큼 빨리 출세하지 못한다는 이유로 자기 수양의 과정에서 낙심하거나 용기가 꺾이기 쉽다. 도토리를 심기 무섭게 금방 참나무로 자라기를 보고 싶어하는 것이다. 이런 사람들은 아마도 지식을 시장에서 매매할 수 있는 상품처럼 생각하는 모양이라, 예상했던 대로 팔리지 않으면 결국 억울하다는 생각을 품게 되는 것이다.

트리멘히레의 〈교육보고서〉1840~1841를 보면, 노퍽에 있는 어느 학교의 학생 수가 급격히 줄어들어 교사가 학부형들을 찾아 그 이유를 알아보았다고 한다. 그랬더니 대부분이 이렇게 말했다. "교육을 시키면 전보다 잘살 줄 알았죠. 그런데 교육을 시켜도 아무 소용이 없더군요. 그래서 아이들을 그만두게 한 것입니다. 이제는 그 따위 교육 문제로 골치 아파하지 않기로 했답니다!"

자기 수양에 대한 이와 같은 천박한 생각이 사람들 사이에 널리 퍼지고 있으며, 항상 사회에 깔려 있는 거짓된 인생관에 의하여 조장되고 있기도 하다.

그러나 가지 수양을 인격을 높이고 마음을 넓히는 힘으로 보지 않고, 남을 밀어젖히고 출세하는 수단 또는 지적 유흥의 방법으로 본다면, 그것은 자기 수양을 매우 낮은 수준으로 떨어뜨리는 결과밖에 되지 않는다.

베이컨은 이렇게 말했다. "지식이란 이익을 얻거나 물건을 파는 상점이 아니라 하느님의 영광과 인간 정신의 구원을 위해 있는 풍성한 창고이다."

사람이 자기 자신을 높이고 자기의 사회적 조건을 보다 낮게 하려고 힘쓰는 것은 틀림없이 가장 존경할 만한 일이다. 그러나 이것이 자기의 인간성을 희생시켜 가며 이루어져서는 안 된다.

마음을 신체의 한낱 일꾼으로 삼는 것은 마음을 노예로 쓰는 것이나 다름없다. 이른바 성공을 못했다고 해서 이리저리 돌아다니며 '나는 불쌍한 사람'이라고 못난 소리를 하고 자기의 운명을 개탄한다는 것은 주로 좁은 마음, 그리고 천박한 마음을 드러내는 것이다.

인생의 성공은 결국 지식보다는 근면과 조그마한 일에까지 주의를 기울이는 습관에 달려 있다. 로버트 사우디가 자기에게 충고를 부탁한 친구에게 다음과 같은 서신을 보낸 적이 있는데, 그 내용은 그런 그릇된 기질을 가진 사람에게 줄 수 있는 최고의 충고가 될 것이다.

"만일 도움이 된다면 자네에게 충고의 말을 주겠네만, 스스로 병들기를 원하는 사람은 고칠 길이 없는 것일세. 선량하고 현명한 사람들도 때로는 세상이 돌아가는 꼴을 보고 화를 내기도 하고 슬퍼하기도 하네. 하지만 자기의 임무를 완수한 사람은 결코 세상에 대해서 불만을 품지 않았다는 것을 알아두게. 만일 교육받은 사람으로서 건강하고 눈과 손과 시간이 있는데 어떠한 목적을 얻지 못한다면, 그것은 오직 하느님께서 축복을 받을 만한 가치가 없는 사람에게 모든 축복을 내리셨기 때문일세."

▶ 방탕한 젊은 시절은 초라한 노년을 부른다

세상을 살아가는 데 적당한 재미를 즐기는 것은 건전한 것이므로 권유하고 싶은 일이다. 그러나 지나치게 재미에 몰두하는 것은 인간을 망치기 쉽기 때문에 상당히 경계해야 한다.

"공부만 하고 놀지 않으면 우둔한 소년이 된다."는 격언이 흔히 인용되고 있지만, 놀기만 하고 공부를 하지 않는 것은 더욱 나쁜 일이다. 정신을 줄곧 쾌락에 젖게 하는 일보다 청년에게 더 해로운 일은 없다. 청년의 가장 좋은 기상이 손상되고, 평범한 일에 대한 취미를 잃고, 보다 더 높은 차원의 즐거움을 추구하는 의욕이 없어진다. 그리고 해야 할 일과 인생의 의무와 부딪치면 항상 피하고 싫어하게 된다.

'쾌락을 좇는' 사람들은 삶의 힘을 낭비하고 고갈시키며 진정한 행복의 자원을 메마르게 한다. 앞질러 청춘기를 다 낭비했기 때문에 인격이나 지력의 건전한 발전을 이룰 수 없다. 순진성이 없는 처녀, 그리고 진실성이 결핍된 소년은 자기 탐닉 속에 젊음을 낭비해 버린 사람에 못지않게 측은해 보인다. 미라보는 자기 자신에 대해서 다음과 같은 말을 했다. "나는 젊은 나이에 이미 다가올 앞날을 다 써 버리고, 나의 활력의 대부분을 낭비했다."

현재 어떤 시절에 저지른 죄악은 미래의 어느 날 다시 솟아나 우리를 괴롭히게 마련이다. 베이컨이 "젊을 때 기력을 너무 낭비하면 늙을 때까지 그 부담을 느낀다."라고 말한 것은, 인생을 살아가는 동안 도덕적인 면뿐 아니라 육체적인 면에도 많은 주의를 기울여야 한다는 것을 의미한다.

이탈리아인 주스티는 친구에게 보낸 편지 속에서 다음과 같은 말을 하였다.

"나는 나의 생존에 대하여 비싼 값을 지불하고 있다. 사실 우리의 인생은 거저 생기는 것같이 보이지만 나중에 반드시 그 계산서를 받게 되는 것이다."

젊은이가 저지르는 가장 무분별한 행동은 건강을 파괴하는 일보다 오히려 인간성을 더럽히는 일이다. 방탕 속에 사는 젊은이는 썩을 때로 썩어, 본인이 깨끗한 사람이 되려고 해도 깨끗해질 수 없는 경우가 많다. 만일 치료법이 있다면 단 한 가지, 열심히 의무를 수행하려는 마음을 다짐하고 유용한 일에 정력을 기울여 전념하는 길뿐이다.

▶ 성공보다 실패에서 더 많은 것을 배운다

사람을 훌륭하게 만들어 주는 것은 편안함이 아니라 노력이며, 술술 잘 풀리는 일이 아니라 곤란한 일이다. 인생의 어느 단계에서나 직면해서 극복해야 할 역경이 있는 것이며, 이것을 거쳐야 어떤 결정적인 성공을 얻을 수 있다. 우리의 실수가 흔히 우리의 가장 좋은 경험이 되는 것과 같이, 이런 역경이야말로 최고의 교사인 것이다.

찰스 제임스 폭스는 순탄한 성공의 길을 걸은 사람보다는 실패를 하고도 여기에서 굽히지 않고 계속 버티어 나간 사람이 더 바람직하다고 늘 말하곤 했다.

"어느 젊은이가 찬란한 처녀 연설로 명성을 날렸다는 것은 참으로 좋은 일이다. 이 젊은이는 계속 성공의 길을 달릴 수도 있고 또는 최초의 승리에 만족하는 데 그칠 수도 있다. 그러나 처음에 성공하지 못하고서도 이에 꺾이지 않고 계속 버티어 나가는 젊은이가 더 마음에 든다. 나는 이런 젊은이의 뒤를 밀어, 최초의 시도로 성공한 젊은이들보다 나은 일을 하도록 도와주고 싶다."

우리는 성공에서보다 실패에서 훨씬 더 많은 지혜를 얻을 수 있다. 종종 무엇을 해서는 안 된다는 것을 발견함으로써 무엇을 해야 하는지를 발견하게 되는데, 실수를 안 해 본 사람은 결코 이런 발견을 할 수 없다. 양동이가 30피트 이상의 높은 곳에 있을 때 물을 빨아올리는 펌프가 작동되지 않는 것을 보고 관찰력이 뛰어난 사람들은 기압의 법칙을 연구하게 되었으며, 이것은 갈릴레오, 토리첼리, 그리고 보일 같은 천재에게 새로운 연구 분야를 개척하게 했다.

존 헌터는 전문가들이 용감하게 그들의 성공뿐 아니라 실패한 경험도 발표하게 되어야만 외과 기술이 발전할 것이라고 말하곤 했다. 기사 와트는 기계 기술을 공부하는 데에 가장 아쉬운 것은 실패한 경험을 기록한 책이 없는 것이라며 "우리에게는 오점을 기록한 책이 필요하다."라고 말했다.

험프리 데이비 경은 교묘한 솜씨의 실험 작업을 보고 이와 같이 말한 일이 있었다. "내가 저렇게 교묘한 솜씨로 실험을 못하는 사람이라서 오히려 하느님께 감사 드린다. 내가 이룬 가장 중요한 발견들은 실패를 통해서 암시를 받은 것이기 때문이다."

자연 과학 분야의 또 다른 어느 탁월한 연구자는 연구를 하는 도중, 이것이야말로 정말 극복할 수 없는 장애라고 생각되었을 때 대체로 어떤 발견의 실마리를 찾았다는 기록을 남겼다. 극히 위대한 일들, 이를테면 위대한 사상, 발견, 발명 등은 대개 곤경 속에서 영양분을 섭취하고, 흔히 설움 속에서 곰곰이 연구하여, 마침내 그 곤란을 극복한 끝에 성취되었던 것이다.

베토벤은 로시니를 다음과 같이 평했다. "그는 소질이 있는 사람이라 어렸을 때 좀더 엄한 교육을 받기만 했어도 훌륭한 음악가가 되었을 것이다. 그런데 그는 편안함을 추구한 까닭에 그 소질을 망쳐 버리고 말았다."

자신이 있는 사람들은 자기를 나쁘다고 비판하는 말을 두려워할 필요가 없다. 멘델스존이 그의 '엘리야'를 처음으로 연주하기 위해 버밍엄의 공연 무대에 나가게 되었을 때, 그의 친구이자 비평가 중 한 사람에게 웃으면서 이렇게 말했다. "실컷 나를 할퀴어 보게! 좋은 점은 말하지 말고 나쁜 점을 말해 주게!"

▶ 패배는 승리의 아버지다

장군을 분발시키는 것은 승리보다 패배라고들 하는데, 이것은 과연 올바른 말이다. 워싱턴은 승전보다 패전한 경우가 많았지만 결국은 승리를 거두었다. 로마인들이 승전한 대부분의 싸움을 보면, 처음에는 한결같이 패전의 쓴잔을 마셨다. 모로 장군의 친구들은 그를 북에 비유하곤 했다. 북이란 쳐야만 그 소리가 나기 때문이다.

워싱턴은 극히 엄청난 곤란에 직면했을 때 완벽한 군사적 재능을 과시했으며, 이런 곤란은 그에게 결심을 굳게 하고 일개 남아로서 또한 장군으로서의 위대한 소질을 탁월하게 발휘하는 기회가 될 뿐이었다.

마찬가지로 능숙한 선원은 폭풍우 속에서 가장 좋은 경험을 얻는 것이다. 이런 경험을 통하여 자기 의존, 용기, 그리고 최고 수양의 경지를 얻는 훈련을 할 수 있기 때문이다. 세계에서 으뜸가는 선원이라고 일컫는 영국 선원들이 가장 좋은 훈련을 받은 것은 거친 바다와 험한 겨울밤 덕택이었다.

궁핍은 학교의 여선생님처럼 엄할지 모르나, 최고의 교사이다. 역경의 시련을 당하면 우리는 천성적으로 주춤 물러서게 되지만,

이때 용감하게 이 시련에 직면해야 하는 것이다.

"역경의 효과는 참으로 감미로운 것이다." 역경을 통하여 우리는 힘과 정력이 생긴다. 인격에 참다운 가치가 있으면, 눌릴 때 감초처럼 향기를 풍길 것이다.

"고난이란 그것을 밟고 하늘로 오를 수 있는 사다리에 지나지 않는다."라고 한 옛 격언이 있다. 또한 리히터는 다음과 같이 말했다. "사람이 짓눌려 그 때문에 툴툴거리는 빈곤이란 도대체 무엇인가? 그것은 처녀가 귀를 뚫어 보석을 달 때 느끼는 고통에 지나지 않는다. 이 고통이 지나면 귀중한 보석을 달게 되는 것이 아닌가?"

생활 경험을 통해 보면, 심한 역경은 사람을 훈련시키고, 이를 통해 사람은 참을성을 발휘하게 된다. 그러나 많은 사람들이 용감하게 가난을 견디고 쾌활하게 역경을 넘기면서도, 흔히 더 위험한 번영의 영향력은 이겨내지 못한다.

약한 사람은 바람 때문에 외투를 날려 버리게 되지만, 평범한 힘을 가진 사람은 너무 따뜻한 햇살을 받을 때 외투를 잃을 위험에 빠지게 된다. 그러므로 역경에 처해 있을 때보다 모든 것이 순조로울 때 참고 견디는 것에 더 큰 훈련과 더 강한 인격이 필요하다.

너그러운 천성을 타고난 사람들 중에는 번영과 더불어 온정이 불타오르는 경우가 있지만, 그렇지 않은 사람들이 더 많다. 비루한 사람들은 돈이 있을 때 목석같이 딱딱한 사람이 될 뿐이며, 천박하고 노예 근성이 있는 사람들은 더욱더 천하고 오만해진다.

번영은 사람의 마음을 오만하게 굳히기 쉬우나, 확고한 결의가 있는 사람에게 있어 역경은 불굴의 정신을 길러 주는 역할을 한다.

버크는 이와 같이 말했다. "곤란이란, 하느님께서 우리를 보다 낮게 알고 계신 것처럼, 우리보다 우리를 더 잘 알고 계신 어버이 같은 보호자와 스승의 명령에 의해서 우리를 다스리는 가혹한 교사이다. 곤란에 맞붙어 씨름하는 사람에게, 그것은 우리의 담력을 길러 주고 우리의 기술을 닦게 해 준다. 그러므로 우리에게 거슬리고 적대되는 것이 사실은 우리를 도와주는 것이다."

곤란에 직면할 필요가 없을 때 살아가는 길은 편할지 모르나 사람의 가치는 그만큼 덜해질 것이다. 왜냐하면, 시련이란 이것을 현명하게 향상시킬 경우 인격을 도야시키고 자조의 길을 가르쳐 주는 것이기 때문이다.

▶ '만일'은 무능한 사람의 투덜거림일 뿐이다

인생의 싸움은 대부분의 경우 가파른 언덕길을 오르는 것과 같은 것이다. 그리고 투쟁 없이 승리를 얻는다면 거기엔 명예가 수반되지 않을 것이다. 곤란이 없으면 승리가 없을 것이요, 투쟁의 목표가 없으면 성취할 대상이 없을 것이다. 곤란은 약자에게 위협이 될 수 있겠지만 굳은 결심과 용기가 있는 사람들에게는 오로지 건전한 자극제의 구실을 할 것이다.

사실상 모든 인생 경험을 통해서 볼 때, 사람이 발전하는 길을 가로막는 방해물은 대부분 꾸준하고 선량한 행동, 진지한 열성, 인내, 그리고 무엇보다도 곤란을 이겨내고 꿋꿋하게 불행과 맞서려는 굳은 결의에 의해서 극복할 수 있다.

곤란이라는 학교는 개인을 위해서나 국가를 위해서나 도덕적 수양을 얻을 수 있는 가장 좋은 학교이다. 사실상 곤란의 역사는 곤란을 이기고 완수한 모든 위대하고도 좋은 일들의 역사에 지나지 않는다.

북쪽 나라 국민들이, 다소 거칠고 변덕스러운 기후와, 메마른 땅, 그리고 일 년 내내 끊임없이 겪어야 하는 곤란따뜻한 풍토 속에서 사는 사람들은 전혀 생각지도 못할 곤란 따위로 오히려 덕을 보고 있는 것은 말할 필요도 없다. 이런 곤란 때문에 외국산으로서는 최고의 산물을 만들어 내는 경우가 많다. 이러한 최고의 산물을 만들기에 필요한 기술과 근면은 자연 섭리가 이 지상에서 가장 훌륭한 사람들을 길러 주신 데에서 나온 것이라 생각한다.

곤란이 있는 경우, 사람은 그 때문에 좋아질 수도 있고 나빠질 수도 있다. 곤란에 부딪히면 사람은 힘을 기르고 기술을 닦을 수 있다. 가파른 언덕을 뛰어오르는 훈련을 함으로써 앞날을 위한 힘을 얻는 주자처럼, 마침내는 쉽게 가야 할 길을 달리게 되는 것이다. 성공에 이르는 길은 오르기에 가파를지 모르나, 그 정상에 오르고자 하는 사람의 정력을 시험해 보는 것이다.

그러나 경험을 통하여, 우리는 맞붙어 대결하면 아무리 큰 장애라도 극복될 수 있다는 것, 대담하게 움켜잡으면 쐐기풀도 비단처럼 부드러워진다는 것, 그리고 목적 달성에 가장 효과적인 도움을 주는 것은 그것을 완수할 수 있고 또한 완수하고 말겠다는 확고한 신념이라는 것을 알게 된다. 그리하여 곤란은 그것을 극복하겠다는 굳은 결의 앞에서 대개 스스로 무너져 버리고 마는 것이다.

우리는 시도하기만 하면 많은 일을 이룰 수 있을 것이다. 해봐야만 자기가 할 수 있는 일이 무엇인가를 알게 되는 것이다. 그런데 대부분의 사람들은 남의 강요를 받고 나서야 비로소 자기의 최선을 기울여 본다.

"내가 이러저러한 일을 할 수 있으면 좋으련만!" 하며 무기력한 청년은 한숨을 짓는다. 그러나 이와 같은 소원만 가지고서는 아무 일도 하지 못할 것이다. 소망은 굳은 목적 의식과 노력으로써 성숙해지는 것이다. 따라서 한번 정력적인 시도를 해 보는 것이 천 번 갈망하는 것과 맞먹는다.

가능성의 둘레에 가시 울타리를 치고 어떤 일의 실천이나 심지어는 시도조차 방해하는 것은 '만일 어떻다면…' 이라는 무능과 절망의 투덜거림이다.

"곤란이란 극복될 수 있는 것이다"라고 린더스트 경은 말했다. 한번 곤란과 맞부딪쳐서 대결해 보라! 그러면 실천과 함께 요령을 터득할 것이요, 반복되는 노력과 더불어 힘과 불굴의 정신이 솟아날 것이다. 그래서 마음과 인격이 도야되어 거의 완벽한 수양을 얻게 되고, 우아하면서도 용감하고 자유롭게 행동할 수 있게 될 것이다. 이것은 이 같은 경험을 해 보지 못한 사람들은 절대 이해할 수 없는 일이다.

▶ 뉴턴도, 나폴레옹도 평범한 소년이었다

이 세상을 움직이고 이끄는 사람은 천재적인 능력을 타고난 사람들이 아니라, 착실하고 목적 의식이 뚜렷하고 불굴의 근면 정신을 지닌 사람들인 것이다. 천재가 조숙한 예가 많다는 것은 부인할 수 없으나, 일찍 영리해진다고 해서 반드시 큰사람이 된다고 보증할 수는 없다.

조숙함은 때로 왕성한 지력의 표시라기보다 정신 질환의 증세로서 나타나기도 한다. '놀랄 만하게 똑똑한 소년들'이 모두 어떻게 되어 있을까? 신동이란 소릴 듣고 우등상을 받은 소년들은 지금 어디서 무엇을 하고 있을까? 한번 이들의 생애를 조사해 보라. 그러면 학교에서 형편없었던 우둔한 소년들이 이들보다 훨씬 더 낮게 출세한 예가 많다는 것을 알게 될 것이다.

영리한 소년들의 타고난 재주가 반드시 그들에게 도움이 되는 것은 아니다. 비록 남보다 못한 재주를 타고났다 해도 최선을 다하는 소년을 누구보다도 격려해 주어야 한다.

소년 시절에는 열등생이고 우둔했으나 후일 찬란한 성공을 거둔 사람들의 이야기는 매우 흥미 있는 이야기가 될 것이다.

화가 피에트로 디 코르토나는 어린 시절에 어찌나 머리가 나빴

던지 별명이 '당나귀 대가리'였다. 토머스 귀디는 사람들이 모두 '우둔한 톰'이라고 불렸지만 근면한 노력을 기울여 마침내는 매우 고명한 사람이 되었다.

뉴턴이 학교 다닐 때 성적은 끝에서 두 번째였다. 한번은 뉴턴보다 공부를 잘하는 소년이 뉴턴을 발로 찬 일이 있었는데, 이때 이 열등생은 용기를 내어 싸움을 해서 그를 때려눕히고 말았다. 이때부터 뉴턴은 굳은 의지를 품고 공부하여, 공부에서도 그 소년을 누르고 마침내는 자기 반에서 일 등을 하는 소년이 되었다.

영국의 가장 위대한 성직자들은 대부분이 결코 조숙한 편이 아니었다. 아이작 배로는 학교에 다닐 때 주로 불같은 성격과 싸움 잘하는 소년으로 악명이 높았으며, 공부를 게을리 하는 소년으로 모르는 사람이 없었다. 어찌나 부모의 속을 썩였는지, 그의 아버지는 늘 "하느님께서 굳이 우리 아이들 중에 누구를 데려가시겠다면 아이작 놈을 데려가셨으면 좋겠다."고 말하곤 했다. 아이들 중에서 아이작을 가장 희망 없는 아이라고 생각했기 때문이다.

애덤 클라크는 소년 시절 비록 큰 돌을 굴릴 수 있을 만큼 힘은 세었지만 아버지한테서 늘 '한심한 멍청이'라고 불렸다. 스위프

트는 더블린 대학에서 낙제하고, 겨우 옥스퍼드의 '특별 청강생'으로 추천받았다. 유명한 차머즈 박사와 쿡 박사는 세인트 앤드루 교구 학교에 다녔는데, 어찌나 우둔하고 장난이 심했던지 울화가 치민 학교 당국이 도저히 손을 쓸 수 없는 학생이라고 둘 다 퇴학시켰다.

후일 찬란한 인물이 된 셰리든도 소년 시절에는 형편이 없어서, 어머니가 개인 교사에게 데리고 갔을 때 "이 애는 정말 어쩔 수 없는 열등생이니 잘 좀 봐달라"고 특별 부탁을 해야만 했다.

월터 스콧은 초등학교에 다닐 때 열등생에 가까운 편이었고, 공부보다는 싸움을 더 잘하는 소년이었다. 대학 재학시 교수는 그를 가르켜 "그는 열등생이었고 앞으로도 열등생의 신세를 벗어나지 못할 것이다." 라고 말했다.

채터튼도 학교에서 "우리로서는 어쩔 수 없는 소년"이라며 어머니에게 되돌려보냈다. 번즈는 운동만 잘하는 우둔한 소년이었다. 골드스미스는 자기 자신을 꽃이 늦게 피는 식물에 비유했다. 알피에리는 대학을 나와도 들어갈 때나 다름이 없었으며, 유럽을 절반 이상 돌아다닌 후에야 공부를 시작해서 탁월한 명성을 날렸다.

로버트 클리브는 젊었을 때 비록 망나니는 아니었지만 멍청이에 가까웠으며, 나쁜 짓을 하면서도 항상 정력에 넘쳐 있었다. 그의 가족은 그를 내쫓고 싶은 마음에서 마드라스로 보냈는데, 여기서 그는 영국 세력을 인도에 심는 기초를 세웠다.

나폴레옹과 웰링턴은 학교에서 어느 면에서나 두각을 나타내지 못하는 우둔한 소년들이었다. 나폴레옹에 대해서 다보랑테 공작 부인은 이와 같이 말하고 있다. "그는 건강한 소년이었으나 다른 면에서는 여느 소년과 다름이 없었다."

후일 미국의 삼군 사령관이 된 율리시스 그랜트를 가리켜, 그의 어머니는 율리시스 그랜트가 아니라 '유슬리스useless; 아무 짝에도 쓸모 없는 그랜트'라고 불렀다. 그는 소년 시절에 그토록 우둔하고 모든 일에 서툴렀던 것이다.

리 장군의 가장 위대한 막료였던 스톤월 잭슨은 젊은 시절에 우둔한 것으로 유명했다. 그러나 웨스트 포인트 육군 사관 학교에 재학시, 그는 불굴의 인내심으로 뛰어난 면을 보여 주었다. 어떤 과제가 맡겨지면 끝까지 그 과제를 숙달하고야 말았고, 완전히 자기 지식으로 소화하지 못한 것은 아는 체하지도 않았다. 그를 아는 어떤 사람이 그에 대해서 다음과 같은 글을 썼다.

"그날 배운 것을 반복하며 선생님이 질문하실 때 나는 그가 여러 번 이렇게 대답하는 소리를 들었다. '선생님, 오늘 것은 아직 보지 못했습니다. 어저께 것과 그저께 것을 외고 있습니다.' 그러나 그는 정원 일흔 명인 학급에서 열일곱째의 성적으로 졸업을 하였다. 아마도 처음에 잭슨은 학급의 전체 학생 누구에게나 지식과 학식이 떨어졌을 것이다. 그러나 끝에 가서는 겨우 열여섯 명에게 뒤떨어졌을 뿐 쉰세 명이나 되는 학생을 뒤로 물리친 것이다. 그래서 동급 학생들은, 만일 학교가 4년 과정이 아니고 10년 과정이었다면 잭슨이 일등으로 졸업했을 거라고 말하곤 했다."

자선가 존 하워드도 역시 이름난 열등생으로, 7년 동안 학교를 다니면서도 거의 아무것도 배운 것이 없었다. 후일 위대한 인물이 된 험프리 경은 여느 소년보다 별로 영리하지 못한 소년이었다. 그의 스승인 카듀 박사는 그에 대해서 이와 같이 말한 적이 있었다. "그를 가르치는 동안, 나는 그에게서 별로 출중한 재능을 발견하지 못했다." 오히려 그는 후일 학생 시절에 '그만큼 게으름을 즐길 수 있었던' 것이 다행한 일이라고 생각했다.

와트는 어린 시절에 조숙했다고들 말하고 있지만 실은 우둔한 학생이었다. 그러나 다행히도 근면성과 인내심을 지니고 있었으며, 이러한 기질과 주의 깊게 발전시킨 발명의 재간으로 그는 증기 기관을 완성할 수 있었다.

▶ 꾸준히 달리는 거북이가 나태한 토끼를 이긴다

청소년들뿐 아니라 어른들도, 사람과 사람의 차이는 재능에 있다기보다 성실성과 열정에 있는 것이다. 자신이 하는 일에 인내심을 가지고 정력을 쏟는 버릇을 들이다 보면, 더 똑똑하면서 이런 기질이 없는 사람을 능가하게 마련이다.

꾸준한 노력과 인내심이 있느냐 없느냐에 따라서 학교에서의 성적은 사회 생활에서 자주 뒤집어진다. 묘한 일이지만, 학창 시절에 영리했던 아이들이 흔히 평범한 사람이 되고, 아무것도 기대할 것이 없었던 우둔한 소년이지만 꾸준히 재능을 개발시키고 착실한 길을 걸은 아이가 지도자의 지위를 차지하게 되는 것이다.

필자도 소년 시절엔 지독한 멍청이들 중 한 사람이었다. 선생님들이 잇따라 여러 가지 재주를 다 기울여 가르쳐 주시려고 했으나 소용이 없었다. 회초리를 치고, 공부를 못하는 데다 게으르다고 고깔 모자를 씌우고, 살살 달래고, 간곡하게 타이르고 해도 역시 효과가 없었다. 때로는 실험적으로 학급에서 1등이 되게끔 성적을 만들어 보기도 했으나, 어쩔 수 없이 맨 꼴찌로 다시 돌아가는 것이었다. 선생님들은 이럴 수도 저럴 수도 없는 소년이라고 단념했으며, 어떤 선생님은 심지어 '엄청난 바보'라는 별명까지 붙여 주었다.

하지만 비록 느리기는 했어도 이 멍청이에게는 우둔하나마 목적을 추구하려는 정력 같은 것이 있어서 차츰 몸이 커지고 어른이 됨에 따라 정신도 함께 성장했다. 그리고 이상한 얘기지만, 실제 사회 생활에 참여하게 되자 이 멍청이는 대부분의 학교 친구들을 앞서고 마침내는 그들보다 훨씬 앞서게 된 것이다. 필자의 최종 관직은 고향의 행정 장관이었다.

올바르게 기어가는 거북이가 잘못 달리는 토끼를 이긴다. 비록 어느 젊은이가 느리다 하더라도 근면하기만 하면 문제가 되지 않는다. 너무 민첩한 재능은 오히려 결점이 될 수가 있다. 쉽게 배우는 학생은 쉽게 잊고, 또한 꾸준히 노력하는 정신을 개발할 필요를 느끼지 않게 된다.

반면 배움이 느린 젊은이는 이 정신을 발휘하지 않을 수 없으며, 이것은 인격을 형성하는 데 매우 귀중한 요소인 것이다.

험프리 경은 "내가 오늘날과 같이 된 것은 오로지 나의 노력의 힘이다"라고 말했다. 모든 일을 자기의 노력으로 이룬다는 정신은 어디에나 통용될 수 있는 아름다운 정신이다.

제9장

인생을 풍요롭게 해줄 멋진 만남

⋗ 어린이가 최초로 보고 배우는 것은 부모의 모습이다

모범이 될 만한 행동은 자라나는 어린이에게 가장 영향력이 큰 교사이다. 행동으로 보여 주는 사회의 실제 생활은 언제나 말보다 그 감화력이 크다.

가르침은 우리에게 갈 길을 지적해 줄 수 있을지 모르나, 실제 생활에서 우리를 끌고 가는 것은 습관에 의해서 그리고 함께 삶으로 해서 우리에게 전달되는 말없고 끊임없는 모범인 것이다.

좋은 충고도 중요하지만, 거기에 좋은 모범이 수반되지 않으면 그 영향력은 별로 없다. 학교에서 흔히 하는 "내가 하는 대로 하지 말고 내가 말하는 대로 하라."는 말은, 실제 사회 생활에서는 보통 거꾸로 적용되는 것이다.

사람들은 귀보다는 오히려 눈을 통해 배우기가 쉽다. 그리고 무엇이든 사실로서 본 것이 그저 읽거나 듣는 것보다 훨씬 더 깊은 인상을 남긴다. 어린 시절에는 특히 그러하다. 눈이 지식을 받아들이는 중요한 문이기 때문이다.

아이들은 무엇이나 눈으로 보는 것을 모방한다. 아이들은 자기도 모르는 가운데 주변 사람들을 닮는다. 이것은 곤충들이 뜯어 먹고 사는 나뭇잎의 빛깔을 닮는 것과 같다. 그러므로 가정 교육은 매우 중요한 것이다.

　학교의 능력이 어떻든, 가정에서 보여 주는 모범은 남녀가 앞날에 갖출 인격을 형성하는 데 있어 언제나 훨씬 더 큰 영향력을 가지고 있다. 가정은 사회의 결정체이며, 국민성의 핵심이 된다. 그리고 이 원천에서, 개인 생활뿐만 아니라 사회 생활까지 지배하는 습성과 원칙과 금언이 솟아나는 것이다.

　국민성의 근원지는 국민 각자가 어릴 때 사용하는 방이다. 여론도 대부분이 가정에서 나오는 것이고, 최고의 박애 정신은 난로가에서 생기는 것이다.

　"우리가 속한, 사회의 조그만 조직체를 사랑하는 것은 더 큰 대중의 애정을 싹트게 하는 원인이 된다."고 버크는 말했다. 이 조그만 핵심에서 인간의 공감이 널리 퍼져, 마침내는 온 세상을 포용하게 된다.

　부모들이 매일 보여 주는 애정, 규율, 근면, 그리고 자제가 담긴 행동은 아이들이 귀로 들어 배운 그 밖의 모든 것을 잊은 후에도 오래 남아 작용하게 된다.

　그러므로 현명한 사람은 자기의 아이들을 가리켜 '나의 미래상'

이라고 부른다. 부모의 말없는 행동과 무의식적인 표정조차도 아이들 성격에 지울 수 없는 표적을 남긴다. 착한 부모의 깨끗한 모범으로 얼마나 많은 악이 방지되었는가는 말할 수 없을 정도이다.

아이들은 가치 없는 짓을 하거나 불순한 생각에 탐닉함으로써 결코 이런 좋은 부모의 추억을 더럽힐 수 없는 것이다. 그리하여 극히 사소한 일도 사람들의 인격에 중요한 영향력을 끼친다.

"어머니의 입맞춤으로 해서 나는 화가가 되었다."고 웨스트는 말했다. 사람의 장래 행복과 성공은, 주로 어린 시절에 겪은 대수롭지 않게 보이는 조그마한 일들이 인도하는 방향에 달려 있다.

포웰 벅스턴은 나중에 유명하게 되어 당당한 지위에 올랐을 때, 자기 어머니에게 다음과 같은 서신을 보냈다. "언제나 그렇지만 특히 남들을 위해 일하고 헌신할 때 저는 어렸을 적에 어머니께서 제 마음에 심어 주신 원리 원칙의 효과를 느끼게 됩니다."

벅스턴은 에이브러험 플래스토라는 사냥터지기에게 진 은혜를 평생 잊지 않고 있었다. 그는 소년 시절에 이 사람과 함께 말을 타거나 운동을 하며 놀았는데, 이 사람은 글을 읽지도 쓰지도 못했으나 타고난 양식과 상식이 충만되어 있는 사람이었다. 벅스턴은 다음과 같이 말한다.

"그분이 지니고 있는 특히 귀중한 점은 정직과 명예를 고수하는 원칙이었다. 그분은 어머니가 계시기 않을 때라도 어머니께서 아시면 나무라실 것을 말하거나 행하지 않았다. 그분은 항상 최고의 명예를 지켰으며, 세네카나 키케로의 글에서 볼 수 있는 내용에 못지않은 순수하고도 너그러운 정신을 우리 어린이들 마음속에 불어넣어 주었다. 그분은 내가 이 세상에서 만난 최초의, 아니 최고의 스승이었다."

랭데일 경은 어린 시절에 어머니가 보여 주신 훌륭한 모범을 회상하여 이와 같이 단언했다. "만일 온 세상을 한데 뭉쳐 저울 한쪽에 올려놓고 어머니를 다른 한쪽에 올려놓는다면, 어머니 쪽이 너무 무거워 반대쪽이 툭 튀어오르게 될 것이다."

이처럼 아이들 앞에서 살아 있는 모범을 보여 줌으로써 부모가 매일 아이들에게 끼치는 영향은 매우 크다. 그러므로 우리는 아마도 부모가 아이들을 가장 잘 가르칠 수 있는 방법을 "당신들 자신을 향상시키시오."라는 말로 요약할 수 있을 것이다.

사람의 행동이나 말이, 그것이 무엇이든 반드시 그 끝을 알 수 없는 일련의 결과를 수반하게 마련이라는 생각에는 뭔가 엄숙하고 경외할 만한 점이 있다. 이 세상에 살고 있는 사람이라면 누구나 어느 정도는 자기도 모르게 주변 사람들에게 영향을 준다.

인간의 행동은 좋은 행동이나 나쁜 행동이나 비록 우리가 그 결실을 보지 못한다 하더라도 어떻게든 살아 있게 마련이다. 아무리 하찮은 사람의 소행이라도 좋건 나쁘건 주변 사람들의 생활에 영향을 끼치게 마련인 것이다. 또한 인간의 영혼은 죽지 않고, 우리들과 함께 거닐며 살고 있다.

디즈레일리는 리처드 콥덴이 세상을 떠났을 때 하원에서 다음과 같은 말을 했는데, 그 속에 담긴 정신은 훌륭하고도 올바르다.

"그분은 비록 살아 계시지 않더라도 여전히 우리 하원에 같이 계십니다. 국회 해산이나 선거 구민들의 변덕, 심지어는 시간의 흐름에도 상관없이 그분은 초연히 의원 생활을 하실 겁니다."

이승에도 확실히 인간 생명의 불멸의 요소가 있다. 이 세상에 사는 사람은 누구나 홀로 떨어져 사는 것이 아니며, 이러저러한 행위로 현세와 영원에 걸쳐 인간의 선을 증가시키거나 감소시키는 역할을 한다.

오늘의 근원이 어제에 있고, 우리 조상들의 생활과 모범이 아직도 우리 생활에 큰 영향을 끼치고 있는 것처럼, 우리도 우리의 일상 행동에 의하여 앞날의 상태와 성격을 형성하는 데에 기여하고 있다.

인간이란 지난날의 문화에 의해서 형성되고 성숙된 열매이다. 그러므로 오늘날 살아 있는 세대는, 까마득하게 먼 옛날을 아주 먼 앞날과 결속시키는 자석처럼 숙명적인 행동과 모범의 흐름을 계속하는 것이다.

인간의 행위는 결코 아주 사라지는 것이 아니며, 비록 육체가 멸하여 흙과 공기로 변한다 해도, 행동은 좋든 나쁘든 반드시 그 열매를 맺어 다가오는 앞날의 세대에 영향을 준다. 바로 이 중요하고도 엄숙한 사실 속에 인간 존재의 큰 위엄과 책임이 있는 것이다.

▶ 참된 웅변은 무언의 실천 속에 있다

이처럼 우리가 보고 듣는 모든 행동이나 말, 그리고 우리가 하는 모든 행동이나 말은 그 영향력을 수반하는 것이다. 그러므로 이 영향력은 우리의 앞날뿐 아니라 전체 사회 구조에까지 그 힘이 미치고 어떠한 윤색을 하는 것이다.

우리는 이 영향력이 여러 갈래로 갈라져 우리의 아이들, 친구들 속에서 어떻게 작용하는 것인지 그 흔적을 보지 못할지도 모르고, 사실상 보지 못하고 있지만, 틀림없이 그 속 어딘가에서 영원한 작용을 하고 있다.

그래서 우리는 좋은 모범을 보여야만 하는 것이다. 좋은 모범이야말로 가장 가난한 사람이나 가장 하찮은 사람도 그의 일상 생활을 통해 실천할 수 있는 무언의 교훈이기 때문이다.

아무리 미천한 사람이라도 주변 사람들에게 이 단순하지만 한없이 귀중한 가르침을 주고 있다. 그리하여 가장 미천한 조건도 유용하게 될 수 있는 것이다. 낮은 곳에 세워 놓은 불도 높은 언덕 위에 세워 놓은 불이나 다름없이 밝은 빛을 발하기 때문이다.

어디서나, 그리고 아무리 불행한 역경 속에서도, 예를 들면 황야의 양치기 오두막집, 쓰러져 가는 오두막이 모여 있는 촌락, 큰 도시의 비좁은 골목에서도, 참다운 사람이 나올 수 있다.

간신히 자기의 무덤으로 쓸 수 있을 정도의 손바닥만 한 땅을 경작하는 사람도 부농의 상속자처럼 충실히, 그리고 훌륭한 뜻을 품고 일할 수 있다. 그리하여 극히 평범한 공장이 근면과 과학과 선행의 학교가 될 수 있는 동시에 게으름과 어리석음과 타락의 장소가 될 수도 있는 것이다. 이 모든 것이 각 개인에게 달려 있으며, 자기들에게 주어지는 기회를 이용하는 방법에 달려 있다.

바른 인격을 지키며 보낸 일생은 아이들과 이 세상에 남겨 줄 큰 유산이다. 그것은 가장 힘차게 미덕을 가르쳐 주고 가장 신랄하게 악덕을 나무라는 동시에, 가장 훌륭한 부의 원천으로서 오래오래 지속하는 것이기 때문이다.

하비 경의 풍자에 답하여 포프가 말한 것처럼, 다음과 같이 말할 수 있는 사람들은 행복하다 할 수 있겠다.

"나의 부모님은 훌륭한 분들이어서 그분들 때문에 내가 한 번도 얼굴을 붉힌 일이 없고, 비록 보잘것없지만 아들인 나 때문에 그분들이 한 번도 눈물을 흘리지 않으셨으니, 이만하면 나는 만족하다고 생각하오."

남에게 무엇을 해야 하는가 말하는 것으로는 충분치 않고, 실제적인 행동으로 모범을 보여 주어야 한다. 치숌 여사는 자기의 성공 비결을 스토 여사에게 다음과 같이 말했는데, 이것은 누구에게나 통용되는 얘기라고 생각한다.

"무슨 일을 완수하고 싶으면 오직 일을 시작하고 행동하는 것뿐이지, 말로만 떠들어야 아무 소용이 없습니다. 즉, 행하는 것 외에는 아무것도 소용이 없다는 것을 알았습니다."

행동 없는 사람의 말에는 설득력이 없다. 만일 치숌 여사가 말하는 것에만 만족했다면, 일의 성과는 말의 범위를 넘어서지 못했을 것이다. 치숌 여사는 이것을 알았던 것이다. 그러나 여사가 일을 시작하여 마침내 완수하는 것을 보자, 사람들은 그때서야 여사의 견해를 이해하고 여사를 도와주러 모여들었다.

그러므로 가장 유익한 일을 하는 사람은, 능란한 웅변을 하거나 극히 고상한 생각만을 품고 있는 사람이 아니라, 발벗고 앞장서서 행동하는 사람이다.

한 장의 그림이 인생을 바꿀 수 있다

성실한 사람들은 가장 미천한 처지에서도 정력을 쏟아, 언뜻 보기에는 그들의 분에 어울리지 않는, 좋은 일을 위한 추진력을 발휘할 수 있다.

토머스 라이트도 죄인들의 교화에 대해 입으로만 떠들고 아무일도 안 할 수 있었으며, 존 파운즈도 빈민 학교에 대해서 입만 나불거리고 아무 일도 안 할 수 있었겠지만, 이들은 아무 말 없이 오직 해보겠다는 일념으로 일을 시작하였다.

아무리 가난한 사람이라도 사회에 얼마나 큰 영향을 끼칠 수 있는 것인지, 빈민 학교 보호 운동의 주창자였던 거드리 박사의 다음과 같은 말을 들어보자. 이것을 통하여 포츠머스의 미천한 구두 수선공에 지나지 않았던 존 파운즈의 모범이 거드리 박사의 생애에 얼마나 큰 영향력을 끼쳤는가를 알 수 있을 것이다.

"내가 이 방면에 관심을 갖게 된 이유를 생각하면, 하느님의 섭리 속에서 한 사람의 운명, 강물의 흐름과 같은 인생 과정은 아주 조그마한 일에 영향을 받고 결정된다는 것을 알 수 있다. 나에게는 적어도 흥미 있는 일이지만, 지금 생각하면 오히려 이상한 생각이 든다.

내가 처음 빈민 학교에 관심을 갖게 된 것은, 포드의 프리드 해안에 있는, 오래 되어 우중충하고 낡은 조그만 자치 도시에서 그림 한 폭을 보고 나서부터였다.

내가 이 고장을 보러 간 것은 아주 오래 전의 일이었다. 좀 쉬려고 어느 여인숙에 들어갔는데, 내가 정한 방에 손잡이가 구부러진 지팡이를 들고 있는 양치는 여자들의 그림과 외출복으로 잘 차려입은 수병들의 그림이 잔뜩 붙어 있는 것을 보았다. 그러나 그다지 흥미를 끄는 그림들은 아니었다.

하지만 벽난로 장식 선반 위에 걸려 있는 유달리 큰 그림 한 폭은 좀 달랐다. 이것은 구두 수선공의 방을 그린 그림이었다. 그림 속에는 한 구두 수선공이 코에 안경을 걸치고 두 무릎 사이에 낡은 구두를 끼고 앉아 있었다. 널찍한 이마에 입은 꽉 다물고 있었고, 수북한 눈썹 밑의 눈은 누더기를 입은 가난한 소년소녀들, 바삐 일하는 이 구두 수선공의 둘레에 서서 공부를 하고 있는 소녀들에게 자애의 눈빛을 던져 주고 있었다.

나는 부쩍 호기심이 생겼다. 그리고 옆에 적어 놓은 제명을 읽고 나서 다음과 같은 사실을 알았다.

존 파운즈라고 하는 포츠머스의 그 구두 수선공은 목사들, 행정가들, 그리고 신사 숙녀라 하는 사람들이 거리에서 쓰러져 죽으라고 방치한 많은 불쌍한 아이들을 동정한 나머지, 선량한 목자처럼 이 아이들을 모아, 하느님의 말씀과 사회에서 살아 나가는 길을 가르쳐 주었다. 그는 이마에 구슬 같은 땀을 흘리며 자기의 빵을 벌어야 하는 처지에서 500명이나 되는 아이들을 불행에서 구출하여 사회로 진출시켰다는 것이다.

이것을 읽고 나는 나 자신이 부끄러웠으며, 그때까지 사회를 위하여 아무런 일도 못 한 나 자신을 꾸짖었다. 그리고 크게 감동했다. 그분의 업적을 알고 놀랐으며, 그 순간의 감동 속에서 내가 친구에게 다음과 같이 말한 것을 지금까지 기억하고 있다.

'그분은 인류의 명예를 위해 일하신 분이며, 영국의 어느 조상보다도 더 높은 기념상을 세워 드려야 할 분이다.'"

▶ 좋은 친구와 스승은 인생 최대의 보물이다

인격 교육은 주변 사람이 보여 주는 모범을 통해 자연스럽게 배우게 되는 경우가 많다. 우리는 무의식중에 우리 주변 사람들의 인격, 예의 범절, 습성, 그리고 의견을 닮게 된다. 좋은 규범도 많은 역할을 하지만 훌륭한 모범은 훨씬 더 큰 역할을 한다. 훌륭한 모범 속에 행동을 이끌어 주는 가르침, 즉 실제의 지혜가 있기 때문이다.

그러므로 특히 젊은 시절에 친구를 주의 깊게 선택하는 것은 매우 중요한 일이다. 젊은 사람들에게는 자석 같은 친근성이 있어서, 이것이 부지불식간에 서로를 동화시키고 서로 닮게 만들기가 쉬운 것이다.

에드워드는 어떠한 공감을 나누는 젊은이들이 자기도 모르게 자주 만나는 친구를 모방하고 닮게 된다는 강한 확신을 가지고 있었다. 그래서 그는 가장 훌륭한 모범을 보여 주는 친구를 선택하도록 젊은이들을 지도하는 것이 가장 중요한 일이라고 생각했다. "좋은 친구가 아니면 아예 친구를 사귀지 말라"는 것이 그의 좌우명이었다.

콜린우드 경은 어느 젊은 친구에게 보내는 편지 속에서 다음과 같이 말했다. "나쁜 친구들과 사귀기보다는 혼자 지내는 편이 낫다는 말을 자네의 금언으로 삼게. 자네와 같거나 자네보다 나은 사람을 친구로 삼게. 사람의 가치는 항상 사귀는 친구들의 가치에 의해서 결정되는 것이기 때문이네."

유명한 시드 넘 박사는 "사람은 좋은 사람과 이야기를 나누었는가 또는 나쁜 사람과 이야기를 나누었는가에 따라 조만간 좋은 사람이 될 수도 있고 나쁜 사람이 될 수도 있다."고 말했다.

피터 렐리 경은 나쁜 그림을 보면 자기의 화필이 더러워진다 믿고 될 수 있는 한 나쁜 그림을 보지 않기로 했다. 마찬가지로 타락한 사람을 자주 보고 천한 사람과 사귀게 되면 어쩔 수 없이 조금씩 그 사람의 언행에 물들게 마련이다.

그러므로 젊은 사람들은 좋은 사람들과 사귀고, 항상 자기보다 높은 수준을 목표로 삼는 것이 바람직하다.

프랜시스 호너는 기품이 고상하고 총명한 사람들과 사귀는 데서 얻는 이점을 다음과 같이 말하였다. "나는 주저 없이 말할 수 있다. 그분들에게서 내가 지금가지 읽는 모든 책에서 얻은 것보다 더 큰 것을 얻었다는 것을."

셸번 경은 젊었을 때 존경할 만한 말제르브를 방문하고 크게 감명을 받은 나머지 이와 같이 말했다.

"나는 사방을 두루 돌아다니고 여러 사람을 대해 보았으나, 그분보다 나에게 큰 영향력을 미친 사람은 없었다. 내가 만일 앞으로 살아가는 동안 무슨 좋은 일을 한다면, 말제르브에 대한 회상이 나의 영혼에 활기를 불어넣어 줄 거라고 확신한다."

포웰 벅스턴도 어릴 때 자기의 인격을 형성하는 데 거니 일가가 끼친 강한 영향을 항상 고맙게 생각했다. "그분들의 감화는 나의 일생을 윤택하게 해 주었다."고 그는 늘 말했다. 더블린 대학에서 연구 목적을 달성하고 성공했던 이야기를 하면서 그는 다음과 같이 시인했다. "그것은 오로지 내가 그분들 댁을 방문한 덕이었다."

인격이 훌륭한 사람 곁에 머물라

좋은 사람들과 접촉을 하면 반드시 좋은 것을 얻고 어떠한 축복이 따르게 마련이다. 이것은 마치 나그네에게서 그가 지나온 길위에 깔려 있는 꽃과 나무의 냄새가 풍기는 것과 같다.

존 스틸링과 가까이 지낸 사람들은 그가 주변의 모든 사람들에게 끼친 유익한 영향력에 대해서 언급한 바 있다. 많은 사람들이 그의 감화를 받아 처음으로 보다 더 높은 차원의 생활의 의미에 눈뜨게 되고, 인간이란 무엇이며, 무엇을 해야 하는가를 알았다. 트렌치는 존 스틸링에 대하여 다음과 같이 말했다.

"그의 고상한 성품을 접하게 되면 우리 자신이 다소 고상하게 된 것 같은 생각이 들었다. 그의 곁을 떠날 때는 우리가 일상의 유혹에 빠진 생활보다 높은 차원의 목적을 지향하게 되는 것을 느끼곤 했다."

고상한 인격은 이와 같이 항상 그 영향력을 발휘하는 것이라서, 고상한 인격을 가진 사람과 가까이하면, 자신도 모르는 동안에 인격이 높아지고 어쩔 수 없이 그 사람과 같은 생각을 하게 되며, 같은 견지에서 세상을 보는 습관이 붙게 된다. 서로 감화를 주는 작용과 반작용은 이렇듯 신비한 효과가 있다.

예술가들도 자기보다 더 위대한 예술가들과 접촉함으로써 인격과 실력이 향상되는 것을 느낀다. 하이든의 재능이 최초로 불타오르게 된 것은 헨델 덕택이었다. 헨델이 연주하는 것을 듣고 하이든은 작곡에 대한 열정을 자극받았으며, 그 자신도 이런 기회가 없었더라면 '천지창조'를 작곡하지 못했을 거라고 믿었다.

헨델에 대해서 그는 이와 같이 말했다. "그가 무엇을 하기로 마음먹고 일하는 모습은 꼭 천둥이 치는 모양과 같았다." 한번은 또 이렇게 말한 적이 있었다. "그의 곡치고 사람의 심금을 울리지 않는 것이 없다."

스칼라티도 역시 헨델의 열렬한 찬미자로서 헨델의 이탈리아 순회 공연 때 수행한 적이 있었는데, 후일 이 대가를 이야기할 때면 찬양의 표시로 먼저 가슴 위에 십자가를 그리곤 했다.

진정한 예술가들은 반드시 너그럽게 서로의 장점을 이해해 준다. 그리하여 베토벤은 대가답게 케루비니를 찬양했다. 또한 "정말로 슈베르트에게는 신의 정열이 깃들어 있다."며 슈베르트의 천재를 격찬했다.

노스코트는 어린 시절에 레이놀즈를 어찌나 좋아하였던지, 이 위대한 화가 레이놀즈가 데번셔에서 열린 어느 모임에 참석하였을 때 군중을 헤치고 앞으로 다가가 그의 옷자락을 만져 볼 정도였다. "나는 이때 참으로 큰 만족감을 느꼈다."고 노스코트는 말했는데, 이것이야말로 소년이 어느 천재를 찬양하는 마음의 진정한 발로가 아니겠는가?

▶ 본받고 싶은 위인의 전기를 읽어라

전기傳記가 좋은 점은 주로 고상한 인격의 모범이 풍부히 담겨져 있다는 점이다. 우리의 조상들은 그들의 생애와 모범적인 행동을 기록한 책 속에 우리와 함께 아직도 살아 있으며, 우리의 책상 위에 앉아서 우리의 손을 잡아 주고 유익한 모범을 보여 준다. 그러므로 우리는 이것을 배우고 찬양하고 모방할 수 있다.

사실 어느 분이든 고상한 인생 기록을 남기고 가신 분들은 후세 사람들에게 영속하는 선행의 원천을 남긴 것이라고 할 수 있다. 영원한 앞날에 걸쳐 사람들은 이것을 읽고 인격을 형성하는 데 도움을 얻을 것이고, 이것으로 해서 약동하는 생기를 얻고 인생의 새 출발을 하고, 또한 새로운 형태의 인격을 보여 줄 수 있기 때문이다.

그러므로 성실한 사람의 생애가 기록되어 있는 책은 귀중한 씨가 가득 차 있는 것과 같다. 그것은 아직도 살아 있는 목소리, 즉 지성의 소리이다. 밀턴의 말을 빌린다면, "생명을 초월한 어떤 생명을 위하여 썩지 않게 향료를 발라 소중히 보존된 고상한 정신의 귀중한 활력소"인 것이다.

이러한 책은 반드시 인간의 마음을 고상하게 높여 주는 영향력이 있게 마련이다. 그러나 특히 이 세상에서 우리가 살아가는 형태를 정해 주는 극히 고상한 모범이 담긴 책이 있다. 이것은 우리의 마음이 필요로 하는 모든 것에 가장 합당한 모범이며, 오직 멀리서 따르고 느낄 수 있는 모범이라 할 것이다.

프랭클린은 자기가 유용하고 고명한 사람이 된 것이 일찍이 커튼 매더의 〈좋은 일을 담은 수필집〉을 읽었기 때문이라고 했는데, 이 수필집은 매더의 일생을 기록한 책이었다. 좋은 모범은 이와 같이 사람들의 마음을 끌고, 온 세계의 후세 사람들에게까지 영향을 미친다.

새무얼 드루는 벤야민 프랭클린의 자서전을 읽고 자기의 일생, 특히 사업 정신의 틀을 잡았노라고 말했다. 그러므로 좋은 모범은, 어디까지든 그 영향력이 미치지 못한다라든가 또는 그 한계만일 한계가 있다면은 어디까지라고 말하기가 불가능하다.

인생에 있어서와 같이 문학에서도 가장 훌륭한 사람들과 사귀고, 최고의 책을 읽고, 책 속에서 발견하는 가장 좋은 것들을 현명하게 찬양하고 모방하는 이점이 여기에 있다. 더들리 경은 다음과 같이 말했다.

"문학에 있어서 나는 주로 오래된 친구들이긴 하지만 나의 교제를 내가 가장 좋아하는 벗들에 한정시키기를 좋아한다. 그들과 더 친하게 사귀고 싶기 때문이다. 전혀 새로운 책을 처음으로 읽는 것보다는 전에 읽었던 책을 반복해서 읽는 것이 비록 재미는 없을지 모르나 십중팔구는 더 유익하다고 생각한다."

그저 심심풀이로 아무 책이나 잡아 읽은 것이, 때로 전에는 생각지도 못했던 정열을 불러일으키는 수가 있다.

알피에리는 〈플루타크 영웅전〉을 읽고서 문학에 열정을 쏟게 되었다. 로욜라는 사병으로 전쟁에 참전했을 때 다리에 중상을 입고 누워서, 생각을 다른 데로 돌리고자 읽었던 책이 〈사도행전〉이었다. 그는 이 책을 정독하고 나서 열정에 불타오라 종교단을 창설하는 데 헌신하리라 결심했다.

마찬가지로 루터는 〈존 허스의 생애와 문집〉을 읽고서 생애의 큰 사업을 시작하기 위한 영감을 얻었다. 월프 박사는 〈프랜시스 자비에르의 생애〉를 읽고 큰 자극을 받아 종교 사업을 시작했으며, 이 책은 그의 젊은 가슴에 한평생 사업에 헌신하려는 성실하고도 열렬한 열정을 불붙게 한 것이다. 윌리엄 케어리도 쿡 선장의 항해에 관한 책을 정독하고 그의 숭고한 선교 사업에 뜻을 품게 되었다.

레이놀즈의 경우 〈인생강화〉人生講話에 대해서는 다음과 같이 말하였다. "베이컨의 문집 다음으로 자기 수양 면에서 나에게 가장 큰 영향을 준 것이 이 책이었다. 그는 위대한 사람이 되는 길을 겸손한 태도로 세상 사람들에게 알려 준 천재들 중 한 사람이었다. 인간 노력의 전능에 대한 그의 확신은 천재는 타고나는 것이 아니라 노력해서 얻는 것이라는 생각을 독자에게 불어넣어 준다. 이 책보다 더 큰 감동을 주는 책은 없을 것이라는 드높은 격찬의 마음이 자연스럽게, 그리고 강렬하게 여기에 뒤섞인다."

레이놀즈 자신은 미술 공부에 대하여 최초로 열정을 기울이게 된 것이 리처드슨이 쓴 어느 위대한 화가의 전기를 읽고서였다고 했는데, 이것도 역시 주목할 만한 사실이다. 마찬가지로 헤이든은 레이놀즈의 전기를 읽고 그림을 그리고 싶은 열정이 불붙었다.

한 사람의 용감하고 고무적인 일생은 이와 같이 같은 능력과 마음을 가진 사람의 가슴속에 불을 붙여 주는 것이며, 똑같이 왕성한 노력을 한다면 반드시 뛰어난 성공을 얻게 되는 것이다.

이렇게 하여 모범의 사슬은 시간의 흐름에 따라서 끝없는 고리를 이루면서 연결되고, 찬양하는 마음에서 모방이 생겨서 천재들은 영원히 이어지는 것이다.

▶ 밝은 성격은 주위를 행복으로 물들인다

젊은 사람들에게 보여 줄 수 있는 가장 가치 있고 가장 감화력이 강한 모범중 하나는 밝게 생활하는 모습이다. 밝은 모습은 사람의 정신에 탄력을 준다. 요괴도 그 앞에서는 도망을 치고, 곤란도 절망을 주지는 못한다.

밝게 살아갈 때 늘 희망이 있게 마련이요, 기회를 발전시킬 수 있는 행복한 마음이 솟아나 반드시 성공하게 마련이기 때문이다. 밝게 열심히 일하는 정신은 항상 건전하고 행복한 것이며, 남에게도 일할 수 있는 힘을 준다. 그리고 가장 평범한 일에도 가치를 부여한다.

가장 효율적인 일이란 온 정신을 기울여 한 일을 말한다. 손과 머리를 써서 온 정신을 기울여 일할 때 사람의 마음은 기쁨을 얻는다.

조지프 흄은 "우울한 마음으로 말년에 영주 노릇을 하느니 쾌활한 기질을 지니고 세상의 밝은 면을 보면서 살고 싶다."고 말하곤 했다.

그랜빌 샤프는 자신의 목표를 이루고자 불굴의 노력을 기울이는 가운데서도 저녁이 되면 형의 집에 가 합창과 악기 연주에 참여하여 노래도 하고, 플루트, 클라리넷 또는 오보에를 연주하면서 위안을 얻었다. 그리고 일요일 밤의 오라토리오에서 헨델의 곡을 연주할 땐 팀파니를 두드렸다. 또한 비록 자주 하지는 못했지만 만화 그리기에 열심이기도 했다.

포웰 벅스턴도 대단히 쾌활한 사람이어서, 특히 운동을 좋아하고, 아이들과 함께 교외로 말을 타고 나가거나 함께 오락을 즐기곤 했다.

아놀드 박사는 밝은 성격으로 일평생 온 정성을 기울여 젊은이들을 양성하고 가르치는 큰 사업을 했다. 그의 찬양할 만한 전기 속에 다음과 같은 말이 있다.

"레일햄 지방에서 특히 주목할 만한 일은 이 고장을 지배하고 있는 건전한 분위기였다. 처음으로 이 고장에 발을 들인 사람은 누구든지, 뭔가 위대하고 진지한 일이 진척되는 것을 느낄 수 있는 그런 고장이었다.

학생은 누구나 자기가 할 공부가 있고, 자기의 의무와 행복이 공부를 잘하는 데에 있는 것이라고 믿었다. 그리하여 인생을 대하는 젊은이의 감정에 뭐라고 말할 수 없는 열정이 전달되었으며, 나에게도 왠지 모를 기쁨이 넘쳤다. 그리고 인생과 자기 자신, 그리고 이 세상에서 자기가 해야 할 일을 올바르게 인식하도록 가르침을 준 사람에 대한 깊은 존경과 열렬한 애착심이 솟아나는 것이었다.

이 모두가 그의 인격의 진실성과 현실성뿐 아니라 폭넓은 이해에 기초를 두고 있었다. 즉, 모든 종류의 일에 대한 그의 꾸밈없는 경의, 그리고 사회의 복잡한 조직과 개인의 성장과 보호에 대해서 올바르게 그 가치를 인식하고 있었던 분별력에 그 바탕을 두고 있었다.

이 모든 것에 무슨 선동이 있는 것도 아니요, 어떤 종류의 일을 다른 일보다 더 좋아하는 편애가 있는 것도 아니며, 한 가지 목적에만 열정을 쏟는 것도 아니었다.

일이란 하느님이 땅 위에 있는 사람들에게 내리신 거라는 겸손하고도 심오하고 가장 종교적인 깨달음이 있을 뿐이었다. 이 목적을 위해 사람에게 여러 가지 재능이 부여되는 것이니, 사람은 그 속의 각 요소를 발전시켜야 하는 숙명을 지니고 있으며, 하느님을 향해 가는 길이 바로 여기에 있다는 깨달음이었다."

아놀드 박사에게 훈련받은 많은 훌륭한 사람들 중에 호드슨 경 기병대의 용감한 호드슨 장군이 있었는데, 여러 해가 지난 후 인도에서 집으로 보낸 서신 속에서 장군은 존경하는 스승에 대해서 다음과 같은 말을 하였다.

"선생님이 나에게 끼치신 영향은 가장 영속적이고도 뚜렷한 것이었다. 그 효과는 인도에서도 나타났으니, 이 이상 또 무슨 말을 하랴!"

제10장

목표는 인격의 완성이다

❧ 인격은 타고나는 것이 아니라 스스로 완성하는 것이다

인생의 왕관이자 영광은 인격이다. 인격은 인간이 소유할 수 있는 가장 고상한 것이니, 그 자체로서 지위와 신분을 상징하며, 어느 처지에 있는 사람에게나 위엄을 주고, 모든 사회적 지위를 높이는 것이다.

인격이 발휘하는 힘은 부귀보다 크며, 명성에 대한 시기심이 없는 명예를 확보해 준다. 또한 인격은 많은 사람을 감화시키는 힘이 있다. 다른 어느 것보다도 사람들의 믿음과 존경을 받을 수 있을 훌륭한 것들의 결과이기 때문이다.

인격이란 가장 좋은 형태의 인간 성질이다. 그것은 또한 개인 속에 구체화된 도덕 질서이다. 인격적인 사람들은 사회의 양심일 뿐 아니라 모든 선정을 베푸는 국가의 최고 원동력이기도 하다. 세상을 다스려 나가는 것은 주로 정신의 힘이기 때문이다.

나폴레옹은 전쟁에서도 승패를 결정하는 정신과 물질의 기여도의 비율은 10대 1이라고 했다. 한 나라의 국력과 산업과 문명은 국민 각 개인의 인격에 달려 있으며, 나라와 국민이 편안하게 살 수 있는 기초도 여기에 있다. 법률과 제도는 다만 인격의 자연적인 결과일 뿐이다.

각 개인의 인격의 원만한 균형 속에서 개인과 국민과 민족은 분에 맞은 것을 얻으며, 그 이상은 아무것도 얻지 못할 것이다. 어떤 원인에는 반드시 그 결과가 있기 마련이다.

비록 어떤 사람이 교양도 능력도 별로 없고 가지고 있는 재산도 조금밖에 없다고 하더라도, 인격만 훌륭하다면 공장이든 회계실이든 또는 상원이든 어디서나 항상 영향력을 발휘할 수 있을 것이다.

1801년 캐닝은 다음과 같은 현명한 내용의 글을 썼다. "나는 인격을 통해서 권세를 얻을 것이며, 그 밖의 어떠한 방법도 시도하지 않겠다. 이것이 비록 가장 빠른 길은 아닐지 모르나, 가장 확실한 길이라고 믿는 바이다."

우리는 머리가 똑똑한 사람들을 찬양할지 모르지만, 지능 이상의 뭔가를 보여 주어야만 사람들이 믿고 따르게 되는 것이다. 그러므로 존러셀 경은 다음과 같이 진리가 충만한 말을 했다. "영국 사회의 특성은 천재들의 도움을 요청하나 인격자들의 지도를 따르는 데에 있다."

이 말은 프랜시스 호너시드니 스미스가 얼굴에 십계명의 표시가 뚜렷이 나타

나 있는 사람이라고 부른 인사의 생애 속에 두드러지게 예증되고 있다. 콕번 경은 이렇게 말했다.

"그의 생애가 모든 올바른 젊은이의 가슴 곳곳에 불어넣어 준 가치 있고 독특한 빛이 바로 이런 것이다. 그는 서른여덟의 나이에 세상을 떠났는데, 여느 사람보다도 더 큰 감화력이 있었으며, 무심하고 천한 사람들 외의 모든 사람들에게 칭찬받고, 찬양받고, 사랑받고, 신뢰받았으며, 누구나 다 그의 별세를 애통하게 생각했다. 작고한 분에 대하여 일찍이 국회에서 그에게 베푼 것보다 더 큰 경의를 베푼 적이 없었다.

모든 젊은이는 알아야 한다. 어째서 그는 이렇게 될 수 있었을까? 신분 때문에? 그는 에든버러의 일개 상인의 아들이었다. 재산 때문에? 그러나 그의 가족 중 어느 누구도 단 6페니의 여분도 가져보지 못했다. 직위 때문에? 그는 단 한 번 직위를 차지한 적이 있었지만 그것도 겨우 몇 년 동안이요, 권력 있는 자리도 아니고 보수도 대단치 않았다. 재능 때문에? 그의 재능은 대단하지 못했으며 무슨 유별난 재능이 있는 것도 아니었다. 능란한 언변 때문에? 그의 말은 침착하고 점잖을 뿐이지 듣는 사람의 가슴을 흔들리게 하는 웅변도 아니요, 사람을 황홀케 하는 능변도 아니었다. 어떠한 기교를 부려서? 그의 태도는 오직 바르고 상냥했을 뿐이다.

그러면 무엇 때문일까? 오직 양식, 근면, 올바른 원칙, 그리고 양심으로써 그렇게 된 것이며, 바른 마음을 지닌 사람들은 절망 없이 이런 것들을 추구하는 것이다. 그를 향상시켜 준 것은 인격의 힘이었으며, 이 인격은 타고난 것도 아니고 남다른 능력이 있는 것도 아닌 그 자신의 힘으로 형성한 것이었다.

하원에는 그보다 훨씬 더 많은 능력과 더 유창하게 웅변할 수 있는 사람들이 많았으나, 이런 것을 도덕적 가치와 절실히 배합하는 데 있어 그를 능가하는 사람이 없었다. 호너가 이 세상에 태어나 입증한 것이 하나 있으니, 그것은 공직 생활의 경쟁심과 시기심 속에서도 오직 교양과 선의의 바탕 위에서 한 인간이 발휘한 온건한 힘이 과연 무엇을 성취할 수 있느냐 하는 것이다."

▌ 훌륭한 인격을 갖추는 것을 인생 최고의 목표로 삼으라

‘인격이 힘’이라는 말은, 훨씬 더 높은 의미에 있어서 ‘지식이 힘’이라는 말보다 진리이다. 감정 없는 마음, 행동 없는 지성, 선 없는 영리함 등은 그 나름으로 힘이 되기는 하지만 오직 악을 위한 힘이 될 뿐이다.

이런 것들은 가르침을 주고 또는 흥미를 줄지 모르나 찬양할 수는 없는 것이다. 이것은 마치 소매치기의 손재주나 노상 강도의 교활함을 찬양할 수 없는 것과 같다.

진실과 정직과 선량은 인격의 요소를 이루며, 또한 어느 작가가 표현한 것처럼, “제복 없는 미덕의 여신을 섬길 수 있는, 미덕을 위한 고유의 충성”을 상징하는 것이다.

이런 것이 힘이나 목적 의지와 결합된 성질을 가지고 있는 사람은 아무도 당할 수 없는 강한 힘을 갖게 된다. 이 강한 힘으로 선을 행할 수 있고, 악을 물리칠 수 있고, 곤란과 불행 속에서 참고 견디어 나갈 수가 있다.

콜로나의 스티븐이 고약한 적들에게 포로가 되어, “너, 이놈! 이젠 너의 보루가 어디 있지?” 하고 조롱조의 질문을 받자, 자기의 가슴 위에 손을 올려놓으며 “여기 있다.” 하고 대담하게 대답했다. 곧은 사람의 인격이 가장 찬란한 광채를 발하는 때가 불행에 처해 있을 때이다. 모든 사람이 풀이 꺾여 있을 때 그는 정직과 용기의 바탕 위에서 버티어 나가는 것이다.

자립 정신이 강하고 꼼꼼하게 진리를 지킨 어스킨 경의 행동 규율은 모든 젊은이가 새겨 둘 만하다. 그는 이렇게 말했다.

"어린 시절에 내가 최초로 가르침을 받은 것은, 항상 나의 양심이 의무라고 지적해 주는 것을 행하고 그 결과를 하느님께 맡기라는 것이었다. 나는 이 세상을 떠나는 날까지 부모님의 이 교훈을 잊지 못할 것이며, 이 교훈의 실천이 최상의 길이라고 믿을 것이다.

오늘날까지 나는 이 교훈을 지켜 왔으며, 이 교훈에 복종하는 것이 현세 생활의 희생이라고 불평할 만한 아무런 이유도 없다. 오히려 이것이 번영과 부귀를 얻는 길이라는 것을 알았으므로 내 자식들에게도 같은 길을 걷도록 가르쳐 줄 것이다."

사람은 모름지기 훌륭한 인격을 갖추는 것을 인생 최고의 목표로 삼아야 한다. 가치 있는 수단으로 훌륭한 인격을 얻으려는 노력 그 자체가 분발의 동기를 줄 것이며, 인간성에 대한 개념이 높

아짐에 따라 동기를 견고하게 해 주고 동기에 생기를 불어넣어 줄 것이다.

비록 우리가 그것을 전부 다 실현할 수 없다 하더라도 인생의 높은 수준을 설정한다는 것은 좋은 일이다. 디즈레일리는 이렇게 말했다. "위를 쳐다보지 않는 젊은이는 아래를 보게 마련이요, 높이 치솟지 못하는 정신은 아마도 땅을 기게 될 것이다

수준 높은 생활과 사고를 목표로 삼는 사람은 전혀 아무런 목표도 없는 사람보다 확실히 나은 일을 할 수 있을 것이다. 스코틀랜드의 격언에 이런 말이 있다. "황금 의상을 힘껏 잡아당겨라. 그러면 그 소매라도 얻을 수 있는 것이니."

최고의 결과를 얻고자 노력하는 사람은 누구나 출발점에서 훨씬 앞선 지점에 있게 될 것이며, 설혹 목표했던 지점까지 도달하지 못한다 하더라도 높이 오르려는 노력 그 자체는 언제나 이로움을 주게 마련이다.

▷ 인격도 습관과 연습으로 향상시킬 수 있다

언행의 정직은 인격의 기본이며, 충실하게 성실을 지키는 것이 정직의 특징이다. 위대한 정치가 로버트 필 경이 세상을 떠난 며칠 후, 웰링턴 공작은 상원에서 고인의 인격을 추모하며 훌륭한 증언을 했다.

"의원 여러분께서는 고㷌 로버트 필 경의 높고도 명예로운 인격을 가슴속에 새겨 두셔야 합니다. 본인은 공직 생활을 하는 중 그분과 오랫동안 관계를 맺어 왔습니다. 우리는 함께 상원에서 일했으며, 그리하여 본인은 영광스럽게도 그분과 가까이 사귈 기회를 가졌습니다.

그분과 사귀는 동안, 본인은 그분보다 믿을 만한 진실성과 정의감을 지닌 사람을 보지 못했으며, 그분처럼 한결같이 공직에 충실하려는 사람을 만나지 못했습니다. 그분과 오랫동안 사귀는 중 본인은 단 한 번도 그분이 진리에 대하여 강한 애착을 보이지 않는 순간을 발견하지 못했습니다 그리고 그분이 사실이 아니라고 굳게 믿는 어떠한 것을 입 밖에 낸 일은 단 한 번이라도, 어렴풋이라도 생각나는 일이 전혀 없습니다."

정치가로서의 이런 고상한 진실성은 틀림없이 그가 그처럼 큰 감동을 준 비결이었을 것이다.

말뿐 아니라 행동에도 진실성이 있는 것이다. 그러므로 행동의 진실성은 곧은 인격에 필수 불가결한 것이다. 사람은 겉모양과 생각하는 바가 일치해야 한다.

미국의 어느 신사가 그랜빌 샤프에게, 그의 위대한 덕을 존경한 나머지 아들 중 한 아이의 이름을 그의 이름을 따서 지었다는 내용의 편지를 보낸 일이 있었는데, 샤프는 다음과 같이 회답했다.

"그 아드님에게, 그 이름이 유래한 가문에서 대대로 내려오는 금언 하나를 가르쳐 주시기 바랍니다. 그 금언은 다음과 같습니다. '항상 나타내고자 소망하는 그 모습을 지키도록 노력하라.' 본인의 부친이 말씀하신 바에 의하면, 본인의 조부께서는 주의 깊고 겸손한 마음으로 이 금언을 실천하셨다고 하며, 솔직하고 정직한 분으로서 이 성실성이 공직 생활에서나 사생활에서나 그 분의 인격의 주요한 특징으로 나타났었다고 합니다."

자기를 존중하고 남을 존경할 줄 아는 사람은 이런 행동 금언을 실천할 것이 틀림없다. 자기 일에 최고의 인격을 불어넣고, 무슨 일이든 허술히 하는 법이 없으며, 오직 자기의 정직과 양심을 자랑할 뿐이다.

크롬웰은 영리하나 다소 무절제한 변호사였던 버나드에게 다음과 같이 말한 적이 있다. "자네는 최근 대단히 신중한 행동을 보여 준 것으로 알고 있으나, 이 면에 대해 너무 자신을 갖지 말기를 바라네. 교활 때문에 속을지는 몰라도, 결코 정직 때문에 속지는 않기 때문일세."

말과 행동이 다른 사람들은 남의 존경을 받지 못하고, 그들의 말을 믿어 주는 사람도 별로 없을 것이다. 진리도 이런 사람이 말할 때는 진리가 아닌 것으로 생각된다.

진실한 인격을 가진 사람은 남이 보지 않는 데서나 보는 데서나 올바른 행동을 한다. 어느 소년에게, 아무도 보는 사람이 없는데 왜 배를 따서 주머니에 감추지 않았느냐고 물으니, "아무도 없다니 무슨 말씀이십니까? 제가 그 자리에 있었습니다. 제가 그 자리에서 저 자신을 보고 있었습니다. 저는 제가 부정직한 짓을 하는 것을 보고 싶지 않습니다."라고 대답했는데, 이런 소년은 올바른 교육을 받은 소년이다.

이것은 인격을 지배하고, 고상하게 인격을 보살펴 주고, 소극

새무엘 스마일즈의
308

적인 영향뿐 아니라 생활을 조정하는 적극적인 힘을 발휘하는 원칙, 즉 양심을 늘 지키고 있다는 좋은 예가 된다. 이런 원칙은 매시 그리고 매일 계속해서 인격을 형성해 주며, 매순간 작용하는 힘과 더불어 성장하는 것이다.

이러한 원칙이 없을 때 인격은 그것을 보호해 주는 것이 없어 항상 유혹 앞에서 무너지기가 쉽고, 일단 유혹 앞에 굴복을 하게 되면 아무리 사소한 일이라도 부정직한 행동은 타락의 원인이 되는 것이다.

그 행동이 성공하느냐 실패로 끝나느냐, 또는 발각되느냐 숨겨지느냐는 큰 문제가 아니다. 한 번 죄를 저지른 사람은 이미 같은 사람일 수 없으며, 남 모르는 불안과 자책 또는 이른바 양심의 가책 속에서 괴로움을 겪어야 한다. 이것은 죄인이 받아야 하는 어쩔 수 없는 형벌인 것이다.

▶ 행복도 습관이 될 수 있다

좋은 습관을 들이고 실천하는 것이 얼마나 인격을 강화하고 뒷받
침해 주는가는 아무리 강조해도 지나치지 않다. 인간은 습관의
덩어리요, 습관은 제 2의 천성이다.

행동과 사상의 반복의 힘을 매우 중요시했던 메타스타시오는
이렇게 말했다. "습관이 인간의 전부이며, 습관이 바로 미덕이기
도 하다."

버틀러는 그의 저서 〈비유〉를 통하여 주의 깊은 자기 훈련과
유혹에 대한 단호한 저항의 중요성을 강력히 주장하면서, 그러므
로 미덕이 습관화되면 죄악 앞에 굴복하지 않고 좋은 일을 하기
가 더 쉽다고 말했다.

"몸의 습관이 외부적인 행동에 의해서 생기는 것처럼, 마음의
습관은 내부의 실제적인 목적 의지, 즉 복종과 정직, 그리고 정의
와 자선 원칙의 실천목적 의지와 행동은 상호 작용을 한다에 의해 생기는
것이다."

브루엄 경도 역시 청년 시절의 훈련과 모범의 막대한 중요성을
강조했다. "하느님이 내려다보시는 가운데 이루어지는 모든 것
을 나는 습관에 맡기는 바인데, 학교의 교사뿐 아니라 입법자들

도 고금을 통하여 주로 이 습관에 의존해서 임무를 수행해 왔으며, 습관은 모든 것을 쉽게 해 준다. 반면에 정상 궤도에서 벗어난 일은 어려운 일이라고 본다."

그리하여 절제를 습관화할 때 원칙에서 벗어나는 행동을 싫어하게 될 것이며, 신중을 습관화할 때 무모한 방탕은 개인 생활을 조절해 주는 모든 행동 원칙에 역겨운 것이 될 것이다.

그러므로 어떤 악습이 침입해 들어오지 못하도록 특히 감시하고 주의할 필요가 있는 것이다. 인격은 한번 허물어진 부분이 가장 약하기 때문이다. 한번 허물어졌던 원칙을 되찾았다 해도 전혀 흔들리지 않았던 원칙만큼 견고하게 되려면 오랜 시간이 걸린다.

어느 러시아 작가의 말은 명언이라고 할 수 있다. "습관은 진주 목걸이와 같은 것이어서, 매듭 하나를 풀면 전체가 풀어진다."

어디서 붙인 습관이든 습관은 자기도 모르게 그리고 아무런 노력 없이 행동으로 변하는 것이며, 이 습관에 저항을 시도할 때 비로소 그 힘이 얼마나 강력한가를 알 수 있다.

여러 번 한 일은 곧 버릇이 되어 쉬워지는 법이다. 처음에는 습관이 거미줄처럼 미약한 것으로 생각되겠지만, 일단 확고한 습관이 되면 쇠사슬처럼 묶는 힘이 강해진다. 조그마한 인생사들을 하나씩 따로 떼어 보면 소리 없이 내리는 눈처럼 극히 보잘것없는 것으로 보이지만, 눈이 합쳐지면 눈사태로 변하는 것처럼 대단하다.

자중, 자조, 근면, 그리고 정직, 이 모든 것은 믿음이 아니라 습관의 성질을 띠고 있다. 원칙이란 우리가 습관에 붙여 주는 이름에 지나지 않는 것이다. 원칙은 겉으로 표현되는 낱말일 뿐이지만 습관은 그 내용이기 때문이다.

그리하여 우리가 나이를 먹음에 따라 우리의 활동과 개성의 일부는 습관에 매달리게 되며, 우리의 행동은 어쩔 수 없는 필연적인 성질을 띠게 된다. 그리고 우리 둘레에 얽혀 있는 사슬에 묶이게 되는 것이다.

미덕을 실천하는 습관을 붙이도록 젊은이들을 훈련시키는 중요성이 그래서 강조되는 것이다. 미덕을 실천하는 습관은 젊을 때 새겨 놓은 글자처럼 세월이 갈수록 커지고 넓어진다.

"올바른 길을 걷도록 어린이를 훈련시키면 나이를 먹어도 이 길에서 빗나가지 않는다." 시초에 종말이 담겨 있는 것이어서, 인생의 첫출발이 그 방향과 목적지를 결정해 준다. 프랑스 사람들은 이렇게 말했다. "첫 번째 것만이 가치가 있는 것이 아니다."

콜린우드 경은 그가 사랑하는 어느 젊은이에게 다음과 같이 말했다. "다섯 살이 되기 전에, 아니면 스무 살이 되기 전에 일평생 자네와 더불어 있을 인격을 갖춰야 한다는 것을 명심하게."

나이를 먹음에 따라 습관은 강화되고 인격은 굳어지기 때문에, 방향을 새로 잡는 것이 점점 더 어려워진다. 그러므로 새로 배우는 것보다, 한번 배운 것을 잊는 것이 더 힘들 때가 많다. 이런 이유로 그리스의 플루트 교사가 좋지 않은 교사에게서 배우고 온 학생들에게서 갑절의 수업료를 받았다는 것이 수긍이 간다.

오래 된 습관을 버리는 것은 때로 이를 뽑는 것보다 더 고통스럽고 훨씬 더 힘들다. 게으르고 준비심이 없고 또는 술을 마시는 버릇이 붙은 사람은, 이미 이러한 악습이 몸에 배어 그 사람의 생활에 없어서는 안 될 중요한 부분이 되기 때문에 근절할 수가 없다.

그러므로 린치는 이렇게 말한다.

"습관 중에서도 가장 현명한 습관은 좋은 습관을 붙이도록 주의를 기울이는 습관이다."

⫸ 상대에게 예의를 지키면 내 가치도 높아진다

행복도 습관이 될 수 있다. 사물의 밝은 면만을 보는 습관도 있고, 어두운 면을 보는 습관도 있다. 존슨 박사는, 사물의 낙관적인 면을 보는 사람이 돈을 많이 버는 사람보다 더 가치 있다고 말했다.

우리는 우리의 생각을 불행과 퇴보보다는 행복과 진보를 얻어 줄 사물에 돌릴 수 있는 큰 의지의 힘을 가지고 있다. 이와 같이 우리는 다른 습관과 마찬가지로 행복한 생각을 하는 습관이 솟아나도록 할 수 있다.

그리고 이러한 종류의 온화한 성품을 구비한 남녀를 길러 내려면, 대부분의 경우에 다량의 지식과 예능으로 그들을 완성시키는 것보다 행복한 마음가짐을 갖게 하는 것이 더 중요하다.

극히 조그마한 구멍을 통해서도 햇빛을 볼 수 있는 것처럼, 조그마한 일들이 사람의 인격을 드러내 준다. 사실 인격은 조그마한 행동에서 드러난다. 일상 생활은 하나의 채석장과 같아서, 우리는 이 채석장에서 인격을 만들어 내고, 인격을 형성하는 습관을 깎아 다듬는 것이다.

인격이 훌륭한 사람들은 남들에 대한 행동도 예의 바르다. 윗 사람, 아랫사람, 그리고 동료 친구들에게 보여 주는 점잖은 행동은 주위에 늘 끊임없는 기쁨을 선사한다. 그것은 남들의 인격에 대한 존경을 표시하는 것이기 때문에 남을 즐겁게 해 주지만, 자신에게는 열 배의 즐거움을 주는 것이다.

사람은 다른 모든 일에 있어서처럼 올바른 품행에 있어서도 스스로 훌륭한 훈련을 쌓을 수 있다. 비록 주머니에 동전 한 푼 없다고 하더라도 의지만 있으면 정중하고 친절한 사람이 될 수 있다.

우아한 태도로 사람을 대하는 것은 온 자연에 빛깔을 부여하는 조용한 햇빛과 같은 것이다. 야단스러운 소란이나 힘보다 훨씬 더 강력하고 훨씬 더 효과가 있다.

봄철의 가냘픈 수선화는 그저 자라야 한다는 끈기 하나로 흙덩이를 밀어젖히고 솟아나는 것이다. 이와 마찬가지로 사람을 대하는 우아한 태도도 소리 없이 그리고 꾸준히 장애를 헤치며 서서히 전진한다.

▸ 진정한 예의는 상대방을 존중할 때 나온다

·

품행과 예의범절은 생활을 윤택하게 해 주는 것으로, 법률보다 훨씬 더 중요하다. 법률은 다만 품행과 예의범절을 문자로 표현한 것에 지나지 않는 것이다. 법률은 여러 가지로 우리와 관계가 있을 뿐이지만, 예의범절은 우리 주변의 어디에나 있으며, 우리가 호흡하는 공기처럼 어느 곳에나 널리 퍼져 있다.

이른바 예의범절이란 곧 훌륭한 행동을 말하는 것이다. 훌륭한 행동이 되기 위해서는 공손함과 친절이 있어야 한다. 세상에서 가장 값싸게 갖출 수 있는 것이 친절이다. 친절을 발휘하는 데는 무슨 수고가 드는 것도 아니고, 자기 희생이 필요한 것도 아니다.

그러나 예의범절은 전혀 모른다는 듯이, 화가 난 듯한 행동 또는 생색을 내는 행동을 하는 사람은 좋게 받아들일 수 없다. 무뚝뚝한 것을 자랑하는 사람들이 있다. 그러나 이렇게 습관적으로 상대의 자존심을 상하게 하고 불쾌한 말을 하는 사람에 대해서는 도저히 호감을 가질 수 없다.

세련된 몸가짐은 지나치면 자연스럽지 못하고 어리석게 보이지만, 사업상 남과 협상을 해야 하는 사람에게는 매우 필요한 것이다. 싹싹함과 교양은 어느 자리이든 높은 직위와 그 밖의 여러 생활 분야에서 활동하는 사람의 성공에 필수불가결한 것이기도 하다. 이것이 없으면 흔히 근면과 성실, 그리고 정직한 인격의 결과가 대부분 무효로 되기 때문이다.

결점이 있는 모난 태도를 참고 더 좋은 면만 보아주는 소수의 극히 너그러운 사람들이 있는 것은 사실이다. 하지만 세상 사람들은 대체로 그렇게 관대한 것만은 아니며, 주로 겉으로 나타나는 행동에 따라 사람을 판단하고 좋고 나쁜 것을 결정하게 마련이다.

진정한 예의를 나타내는 또 하나의 방법은, 남의 의견에 귀를 기울이는 것이다. 독단적인 사람의 최악의 형태가 다름 아닌 고집과 오만인 것이다. 남과 사귈 때 의견의 차이가 있으면 그 차이를 인정하고 논쟁하지 말아야 한다. 그래도 상대방이 굳이 다른 의견을 고집하면 너그럽게 참아야 한다.

싸움이나 심한 말을 하지 않고 지극히 부드러운 분위기 속에서 오히려 더 회복하기 어려운 마음의 상처를 입는 경우도 있다.

올바른 마음과 친절한 마음에서 솟아나는 공손한 태도는 계급이나 지위가 높은 사람의 전유물이 아니다. 작업대에서 일하는 기계공도 성직자나 귀족처럼 공손할 수 있다. 노동자라고 해서 반드시 거칠거나 우악스러울 필요는 없다.

　다른 나라의 각계각층 사람들에게서 볼 수 있는 그 공손함과 세련됨을 볼 때, 이러한 성질은 문화가 발달하고 다른 사회와의 접촉이 많아짐에 따라 발전할 수 있는 태도이기도 하지만, 인간으로서 누구나 갖출 수 있는 성질이 될 수 있다는 것을 알 수 있다.

　가장 높은 사람에서부터 가장 미천한 사람에 이르기까지, 가장 부유한 사람에서부터 가장 가난한 사람에 이르기까지, 그 계급이 어떻든 또는 처지가 어떻든, 자연의 섭리는 누구에게나 최대의 선물, 즉 너그러운 마음을 준다.

　거친 옷을 입은 농부도, 레이스 천으로 화려하게 차려입은 귀족처럼 너그러운 마음을 가질 수 있다. 로버트번즈가 길을 걷다가 어느 정직한 농부를 아는 체했다고 함께 가던 한 에든버러의 청년에게 핀잔을 들은 일이 있었다. 이때 번즈는 음성을 높이며 이렇게 말했다.

　"예끼, 이 멍청이 같은 사람아! 내가 말을 한 것은 그 엉성하게 큰 상의, 둥근 보닛 모자, 그리고 나무 구두와 무릎까지 올라오는

새무엘 스마일즈의
318

반바지가 아니라, 그런 것을 입고 쓰고 신고 있는 참다운 인간이었단 말일세. 진정한 인간의 가치에 있어 자네나 나는 그런 사람에 비하면 아무것도 아닐세. 그리고 언젠가는 우리 같은 사람 10명이 모여도 그런 사람 1명에게 당하지 못하게 될 것일세.

겉모양이 검소하니까 참다운 인간의 가치를 모르는 자들은 우습게 볼지 모르나, 올바른 마음을 가진 사람들은 항상 인격을 갖춘 그 뚜렷한 표식을 알아볼 것일세."